AMORES PERFEITOS

Dados Internacionais de Catalogação na Publicação (CIP)
(Câmara Brasileira do Livro, SP, Brasil)

Gaiarsa, J. A., 1920-2010.
   Amores perfeitos / J. A. Gaiarsa. – 17. ed. rev. – São Paulo :
Ágora, 2013.

   Bibliografia.
   ISBN 978-85-7183-120-9

   1. Amor 2. Autorrealização (Psicologia) 3. Família 4. Relações
interpessoais 5. Sexo (Psicologia) I. Título.

13-01015   CDD-158.2

Índice para catálogo sistemático:
1. Amor e família : Relações interpessoais : Psicologia aplicada 158.2

www.editoraagora.com.br

Compre em lugar de fotocopiar.
Cada real que você dá por um livro recompensa seus autores
e os convida a produzir mais sobre o tema;
incentiva seus editores a encomendar, traduzir e publicar
outras obras sobre o assunto;
e paga aos livreiros por estocar e levar até você livros
para a sua informação e o seu entretenimento.
Cada real que você dá pela fotocópia não autorizada de um livro
financia o crime
e ajuda a matar a produção intelectual de seu país.

J. A. GAIARSA

AMORES PERFEITOS

Editora
ÁGORA

AMORES PERFEITOS
Copyright © 1994, 2004, 2013 by J. A. Gaiarsa
Direitos desta edição reservados por Summus Editorial

Editora executiva: **Soraia Bini Cury**
Editora assistente: **Salete Del Guerra**
Capa: **Marianne Lépine**
Foto de capa: **Stefan Patay**
Projeto gráfico e diagramação: **Crayon Editorial**
Impressão: **Sumago Gráfica Editorial**

Editora Ágora
Departamento editorial
Rua Itapicuru, 613 – 7º andar
05006-000 – São Paulo – SP
Fone: (11) 3872-3322
Fax: (11) 3872-7476
http://www.editoraagora.com.br
e-mail: agora@editoraagora.com.br

Atendimento ao consumidor
Summus Editorial
Fone: (11) 3865-9890

Vendas por atacado
Fone: (11) 3873-8638
Fax: (11) 3873-7085
e-mail: vendas@summus.com.br

Impresso no Brasil

Esclarecimento

Este livro é uma transcrição revista de quatro palestras que fiz em Brasília, sob o mesmo título.

Algumas liberdades apresentadas no texto serão relevadas e compreendidas, sabendo-se que o principal foi originalmente falado – não escrito.

Há muito tempo não me preocupava tanto com uma palestra quanto dessa vez, ao realizar um antigo sonho. Recordando fatos, acho que esse sonho começou na adolescência, foi se desenvolvendo devagar ao longo da vida, da profissão, de leituras, congressos, da prática de sentimentos e de relacionamentos pessoais.

Espero que ao longo desta leitura vocês experimentem e sintam a mesma beleza que encontro no amadurecimento das ideias ora propostas.

Vocês sabem que Brasília está envolvida num certo halo místico--esotérico.

~

A ideia do "amor perfeito" não tinha nada de improvisado, mas desenvolvê-la em público, em Brasília, foi uma decisão súbita, surpreendente até mesmo para mim. Como se verá, este livro propõe uma nova forma de cooperação e união entre os seres humanos. Por isso, talvez, esta exposição tenha sido feita em Brasília! Sincronismo!

Nunca havia feito palestra nem curso com este título: amores perfeitos. Muita gente me conhece da televisão, de livros, e deve saber que minha especialidade é falar mal da família – principalmente das mães. Vamos mostrar, ao lado de muitos outros fatos, de quantos modos a família torna difícil ou impossível a felicidade amorosa.

O AUTOR

"O amor é o único milagre que existe. O amor é a escada do inferno para o céu. Aprendendo bem o amor, você aprendeu tudo. Perdendo o amor, toda a sua vida está perdida. As pessoas que me perguntam sobre Deus não estão realmente perguntando sobre Deus, mas declarando que não conheceram o que é o amor. Aquele que conheceu o amor conheceu o Amado; o amor é a percepção do Amado. Aquele que pergunta sobre a luz está simplesmente dizendo que é cego. Aquele que pergunta sobre Deus, está dizendo que seu coração não floresceu para o amor.

[...] Deus não deve ser procurado: onde você irá procurá-lo? Ele está em toda a parte; você só tem de aprender a abrir os seus olhos do amor. Uma vez que o amor penetrar em seu coração, Deus estará lá. Na emoção do amor está o Amado; na visão do amor está a visão de Deus."

OSHO
A divina melodia
(São Paulo, Cultrix, 1992)

SUMÁRIO

O mapa da mina e o tesouro escondido............................... 9

1 As duas espécies de amor.................................... 15

2 A família × Contato amoroso................................ 31

3 Lidando com os preconceitos................................ 71

4 Amor e desenvolvimento pessoal............................. 119

5 A busca do estado amoroso................................. 137

6 A solução está em "nós".................................... 189

Referências bibliográficas... 215

O MAPA DA MINA
E O TESOURO ESCONDIDO

O tesouro contido neste livro pode permanecer escondido porque o texto resultou de várias conferências; portanto, ele não foi escrito, mas falado, e, como fico muito ligado ao público, seguia um caminho tortuoso ao longo do mapa, conforme a reação da plateia. Aceitamos comentários e perguntas do público após cada uma das três palestras. De um lado, foi bom, trazendo as grandes teses para o concreto e o prático; de outro, resultaram mais desvios em relação ao caminho do tesouro.

Cada um dos grandes apoios para a tese central envolve argumentação variada, de bactérias a chimpanzés, de opressão a simbiose.

Por isso apresentamos aqui um resumo bem compacto da tese central que é, ao mesmo tempo, nosso ato de fé e de esperança em um mundo melhor.

NÃO É MAIS TEMPO DE SE REPRODUZIR

A bomba populacional está se mostrando mais destrutiva do que a termonuclear. No exame da história das guerras aponta-se um motivo compreensível para elas, quase legítimo. Fator poderoso a sustentar essa loucura destrutiva da humanidade sempre foi a carência alimentar.

Como todas as espécies viventes, também a nossa, ao encontrar ambiente favorável (alimentação abundante), intensifica sua reprodução até saturar a região. A escassez de recursos produz inquietação do povo e esse fator reforça a megalomania dos poderosos. Toda guerra é um assalto coletivo.

ATÉ HOJE VIVEMOS EM REGIMES SOCIOECONÔMICOS DE CARÊNCIA, E POR ISSO DE OPRESSÃO E EXPLORAÇÃO

Diante da falta do essencial, as pessoas se inquietam e surge o risco da guerra de todos contra todos. Nesse clima, a SEGURANÇA se torna o sonho coletivo, e ninguém se pergunta seu custo em termos de realização pessoal, felicidade amorosa e solidariedade humana. Todos os impérios surgiram daí: melhor um poderoso, por mais louco que seja, do que cada um contra todos e todos contra cada um!

O microefeito dessa mesma situação foi a instituição da família, quase sempre tida – ou exigida – como monogâmica, não obstante a experiência universal das relações extraconjugais e da prostituição. A monogamia assegura a posse continuada dos bens. O matrimônio é a garantia do patrimônio. A família não se constituiu nem para a felicidade nem para a realização pessoal.

Enfim, para surpresa de muitos, a família está longe de ser o melhor ambiente e a melhor influência na educação/formação da criança. Ela também se subordina à segurança e se põe sempre a favor do sistema vigente, fazendo-se a primeira e a mais fundamental instância repressora – a fim de preparar o cidadão para o mundo que está aí; de novo, com pouco respeito pelo amor individual e pelo desenvolvimento global da criança.

Pouco respeito, enfim, pela solidariedade humana; "os meus" são quase tudo e "os outros" – ora, os outros... Paradoxo: NADA se opõe mais à solidariedade humana do que a família.

PARA MUITOS, HOJE, ESSA SITUAÇÃO NÃO EXISTE MAIS. MEU LIVRO É PARA ESSES

Quem ou quais muitos? Para todos os que estão no quarto superior em matéria de pirâmide social, os que gozam de evidentes vantagens e benefícios e ultrapassaram as carências básicas. São os privilegiados, seja do primeiro, seja do segundo mundo.

É deles que nascem as novas direções da humanidade.

O EXCEDENTE SEXUAL

Basta lembrar o número de espermatozoides por ejaculação e o número de neonatos comparado com o número de relações sexuais para se dar conta desse excedente. Foi daí, aliás, que surgiu a intuição básica do tesouro. Este livro permaneceu muitos anos em minha mente sob o título de *Funções não reprodutoras da sexualidade*. Esse excedente não poderia ser reaproveitado em outra função? Estaria a natureza "pensando" em algo parecido? Aqui temos a energia necessária ao processo. Notar que já existem numerosos indícios de algo parecido, como se mostra no livro. Em geral, quanto mais diferenciado o grupo animal, maior a proximidade permanente entre machos e fêmeas – independentemente do cio; além disso, multiplicação dos períodos e das variedades de carícias e contatos entre os animais do mesmo bando, assim como muita proximidade, durante muito tempo, entre filhotes e mães. O sexo, mesmo entre os primatas, parece estar de algum modo se sublimando em contato carinhoso, carícia, aconchego e prazer.

As vantagens? Muita solidariedade dos elementos do bando e alta disposição para a cooperação, além de redução da agressividade entre eles. O melhor cimento social é o prazer fácil – e, apesar disso, profundo – entre os indivíduos dos grupos sociais.

HÁ NUMEROSOS ELEMENTOS FAVORÁVEIS A UMA DISTINÇÃO ENTRE DOIS AMORES, O DE FAMÍLIA (REPRODUÇÃO) E O DE TRANSFORMAÇÃO PESSOAL E SIMBIOSE SOCIAL

Esse é um dos pontos mais fortes do livro, que expõe um cortejo de fatos a favor da tese. Em detalhe discutem-se também, ao mesmo tempo, a posição relativa entre os dois amores e as péssimas consequências da mistura de ambos. São tão graúdos e poderosos os preconceitos sobre a família que poucos percebem até que ponto ela é contrária ao desenvolvimento humano, à educação de nossos filhos, ao desenvolvimento pessoal – à nossa humanização. Só o amor pode nos humanizar, e a família é o principal obstáculo à expansão do amor entre as pessoas. Essência do delírio familiar da sociedade: qualquer um pode ser tudo para o outro, a vida toda, todos os dias da vida, todas as horas do dia... Vivemos falando de amor, mas há muito pouco amor entre as pessoas. Por quê? Porque o amor é o fim da dominação e da opressão, é o grande nivelador da pirâmide de poder. Duas pessoas em envolvimento amoroso não têm "posição" social, profissional, econômica ou qualquer outra. Separação igualmente importante que procuramos estabelecer é entre sexualidade e contato/carícia. São duas formas de amor bem distintas, que se fizeram de forma preconceituosa uma só – a fim de impedir a solidariedade. Para o bárbaro preconceituoso que nos habita, se se entra em contato ou se se faz uma carícia, só pode ser para daí a pouco manter relações sexuais. Há fatos numerosos mostrando que contato e sexualidade são dois universos distintos, ambos legítimos, cada um com funções próprias.

SOLIDARIEDADE, COOPERAÇÃO E SIMBIOSE AMOROSA

A meu ver, esse é o ponto mais alto do livro. Mostramos com riqueza de fatos e argumentos, próprios e alheios, quanto o homem é senhor da Terra por sua capacidade dupla de fazer trocas e cooperar. Mesmo cooperando à força e sob a ameaça permanente de espancamento ou morte, mesmo assim fizemos, JUNTOS, coisas espantosas e maravilhosas – de uma pirâmide até um grande jato intercontinental. Contra a famosa e competitiva "sobrevivência (e reprodução) do mais apto", a nossa biologia levanta outro estandarte: a poderosa força da simbiose, muito mais eficiente do que a competição. Para sustentar essa força poderosa, a natureza elaborou o estado amoroso, o encantamento e a magia do amor entre dois ou mais seres humanos. Nada pode nos solidarizar mais do que experimentar com muitas pessoas este estado divino – no entanto, tão malfalado. Porque ele destrói o poder e a segurança; a segurança do sempre igual, de todos iguais, da eterna repetição de nossa eterna desgraça.

Convicção e temor primário expressos nestas páginas: ou aprendemos a nos amar, ou seremos a mais original das espécies viventes, uma espécie suicida, autodestrutiva.

Já avançamos bastante nessa direção, com o crescimento da miséria, da poluição, da produção descontrolada de armas e da falta de solidariedade entre as pessoas e os países.

Em dez mil anos de história nunca houve um ano de paz na Terra! Haverá, um dia?

1
AS DUAS ESPÉCIES DE AMOR

A ideia central é esta: existem dois grupos de sentimentos chamados amor. Um tipo teria o nome de amor familiar, o necessário para a reprodução, para o cuidado com a prole, para a continuação da espécie. O outro amor foi feito para estimular a vitalidade, orientar e organizar o desenvolvimento das pessoas e amorificar laços sociais. Até hoje temos feito confusão e pressão para fazer dos dois uma coisa só. Amor é um só. E amor potencialmente é sempre família, mesmo que não chegue lá. Quando não chega lá, as mães – e o povo – dizem: "Namorou durante três anos e não deu certo", isto é, não deu casamento. Esses dois amores sempre estiveram bem "misturados" na cabeça e no coração das pessoas; no entanto, se passarmos em revista fatos familiares da história, veremos que a divisão aqui proposta existiu desde sempre.

IGREJA E SEXO

É interessante lembrar o que ocorre na Igreja Católica, talvez a mais rigorosa, a mais moralista. Basta lembrar dos sermões de muitos papas que condenam os métodos anticoncepcionais e o aborto. Alguns deles quiseram ver de perto a desgraça do mundo – não há como negar –, mas parecem não ter se dado conta de estar pregando a continuação interminável dessa desgraça ao fazer todo o possível para que nossa reprodução continue tão descontrolada e irresponsável como foi até hoje. No entanto, a própria Igreja Católica separava, antigamente, pecados "da carne" em mortais e veniais. Se você for casado e não impedir a reprodução, não há pecado; mas, se você impede a reprodução, aí é um pecado mortal. A Igreja, que defendia incisivamente a reprodução, aceitava a sexualidade não reprodutora, que existiria também para amenizar a famosa "concupiscência da carne" – palavras estranhíssimas para nós, hoje em dia. A concupiscência da carne nada mais é que a inquietude da contenção sexual.

Então, a própria Igreja via bem os dois aspectos: o básico é a reprodução, se quiser outras coisas nesse sentido, pode, contanto que não impeça a reprodução.

DEUSES E DEUSAS

Para os gregos e romanos era muito nítida essa divisão do amor entre as deusas. Ceres era a deusa da fecundidade. Hera, da família – deusa das mães. Vênus, que não era nada séria, era "a outra" da mitologia grega, idealizada para a comunicação, o envolvimento, a comunhão e o prazer amoroso.

Onde mais vamos notar tais diferenças entre formas de amor?

Na Grécia e no Japão encontramos duas categorias de prostitutas, uma para alívio sexual imediato (a tal concupiscência da carne) e outra, as heteras, na Grécia, e as gueixas, no Japão. Essas eram mulheres preparadas para ser companhia aprazível e culta; cantavam, dançavam, recitavam, contavam histórias – não correspondiam de forma alguma à nossa noção de prostituta. Eram mulheres com as quais se poderia ter muito prazer, sensual e espiritual.

Mas a família japonesa era um bloco de pedra. Outro dado a favor da minha proposta: a infidelidade existe – em abundância! – em todas as sociedades nas quais se tem a monogamia como "o certo", "é assim que deve ser". As leis favorecem isso, leis que garantem bem mais a continuidade da herança e do poder que a felicidade amorosa.

Defendem o patrimônio, e não o matrimônio! Mesmo quando havia penalidades severíssimas contra relações extraconjugais, estas continuavam a existir. Aliás, se deixassem de existir, dois terços de todos os romances e novelas não seriam mais escritos – seriam vividos! Então, de um lado, existe a família sagrada, protegida pelas leis do Estado, da propriedade e da transmissão hereditária de bens e poderes, e, de outro, as ligações extralegais feitas para a felicidade, o amor e o encontro.

A FAMÍLIA E O AMOR-RECREAÇÃO

A revista *Playboy* usa esta nomenclatura: existe o amor familiar e existe o amor recreativo – palavrinha já meio malandra. Recreativo porque diverte, porque é gostoso, porque é bonito. Nada contra. Mas eu daria ao termo "recreativo" conotação diferente, dizendo que ele é recreador.

A ideia é a seguinte: se me envolvo com alguém, e se conseguimos cultivar nossos sentimentos, nós dois nos desenvolvemos como seres humanos. Poderemos nos fazer cada vez mais diferenciados, individualizados, vivos e coloridos.

Minha ideia mais querida: o amor existe enquanto serve para o desenvolvimento das pessoas, para que haja entre elas uma troca de qualidades e para que as duas saiam enriquecidas da ligação amorosa.

Muitas vezes me perguntam qual é o amor de verdade, qual é o bom amor. Hoje respondo: bom amor é aquele que transforma as pessoas.

Se tenho muitos amores mas sou sempre o mesmo, desconfio que não tenho amor nenhum.

O amor é uma troca poderosa de influências, e nós vamos examinar isso muito de perto daqui a pouco. E mais: a única transformação que realmente nos humaniza é a que ocorre por força do amor.

Podemos nos transformar de muitas maneiras, inclusive por força de ameaça ou de pancada, ou "porque todo mundo faz assim". Mudamos também por força de prêmios, promessas, engodos, dinheiro. Mudamos por muitos motivos.

Mas é um querido pensamento meu: o único desenvolvimento humanizante é aquele que se faz por meio do amor entre dois – ou mais – seres humanos. Esta é nossa tese geral.

Traremos para ela argumentos de muitas espécies, inclusive alguns fatos biológicos pouco conhecidos e bem interessantes.

A DIFERENÇA COMEÇA NA ANATOMIA

A divisão que estamos propondo está presente inclusive na própria estrutura dos órgãos sexuais – conforme proposto pela psicanalista americana Mary Jane Sherfey em seu livro *The nature and evolution of female sexuality* [História e desenvolvimento da sexualidade feminina]. O livro é um profundo estudo biológico do tema. Mary lembra que em nosso aparelho sexual existem *órgãos de prazer e órgãos de reprodução* – na mesma estrutura anatômica. Se considerarmos os órgãos genitais femininos, podemos dizer o seguinte: os grandes lábios, os pequenos lábios, o clítóris, o vestíbulo vaginal e o terço inicial da vagina são órgãos de acoplamento, são a amante, a mulher, e o prazer nasce aí. Já os dois terços superiores da vagina, o útero, as trompas e o ovário são a mãe; são regiões em que ocorrem os processos primários da fecundação e da gestação e nos quais a sensibilidade erótica é limitada ou nula.

O mesmo acontece com o homem. Podemos dizer que o pênis é o órgão principal do acoplamento, do prazer ou do relacionamento com a fêmea. É o macho – ou o amante! Já testículos, canais deferentes, vesículas seminais e próstata são o pai, o que faz a reprodução.

MONO E POLIGAMIA

De 1.154 sociedades estudadas por antropólogos, mil permitiam ao homem ter várias mulheres. Umas poucas permitiam às mulheres ter vários homens.

Onde está, então, o fundamento "natural" da monogamia? Em psicologia, cabe separar o macho do pai e a fêmea da mãe.

Quero dizer o seguinte: no meu tempo (nasci em 1920) e ainda hoje, nas cidades menores, as mulheres são praticamente obrigadas a passar de filhas a mães, sem que se lhes permitam experimentar, descobrir ou cultivar a arte e a ciência de ser mulher, de ser erótica. Na ordem natural, a fêmea erótica precede a fêmea mãe, mas para nós a fêmea é proibida. É fácil passar de filha a mãe, não é preciso quase nada. Freud já disse tudo ao falar – tanto! – da transferência. Como não temos escolas de mães, as mães reproduzem, com os filhos, quase tudo que fizeram com elas. As mães são o DNA da tradição social. São elas que imprimem nas crianças nossos costumes sociais. Ser boa filha é lindo. Ser boa mãe é divino. Ser mulher é vergonhoso, abominável, satânico! Por aí se vê, bem claro, até que ponto a bomba é inevitável.

Há não muito tempo as mulheres tinham pouquíssimas chances de se fazer mulheres, pois isso envolve relacionamentos com vários homens. A pessoa do sexo feminino que não viveu um período de certa liberdade sexual – quase promiscuidade – jamais se fará mulher.

Não será um homem, com certeza, que fará uma mulher "se tornar mulher" – como se diz nas novelas. Ela será mãe e filha eternamente, e nunca saberá o gosto e o desgosto de ser mulher.

ONDE ENCONTRO UM HOMEM

Pergunta de mil mulheres: "Onde acho um homem que não seja só para motel ou só um marido chato, que seja um intermediário entre os dois, que possa ser agradável, interessante, gostoso de olhar, de conversar, de agradar e de transar?" Como é difícil encontrar um homem que se comprometa pessoalmente, que se abra, que acolha, que apoie, que esteja sempre presente!

O conselho para minhas amigas é o seguinte: um bom homem se encontra seguindo a tática pela qual se encontra uma boa doméstica; experimente uns tantos, escolha o menos pior, e esse você terá de educar com paciência. Aí, talvez, você tenha o homem que quer.

Por que mãe nenhuma se preocupa em preparar o homem para a geração seguinte – para a mulher que a substituirá mais tarde?

"Ah! Ele é homem, deixe pra lá, não precisa arrumar a cama, pode dormir até tarde, nem banho toma, deixa tudo em desordem, não cuida de nada, cheio de bravatas, meio grosso – é homem, deixe..."

Muito do descontentamento das mães é porque *elas não preparam homens para uma mulher; elas preparam filhos e pais, como elas são mães e filhas,* e não saímos disso.

UMA DAS COISAS MAIS DIFÍCEIS DO MUNDO É O ENTENDIMENTO PROFUNDO ENTRE UM HOMEM E UMA MULHER

São tantas as barreiras naturais e mais numerosas ainda as sociais. Difícil extirpar da relação qualquer resquício de dominação. Por que as mães não educam os filhos homens – e, pior, os viciam? Por muitos motivos, na certa. Mas quero falar do que é mais evidente e jamais abordado.

Está suposto – e de muitos modos se exige – que duas pessoas, quando se casam, serão fiéis até o fim da vida. É o que você jura diante de Deus, do padre, das testemunhas.

Quem pode jurar que vai amar o outro a vida inteira, na tristeza e na alegria, na saúde e na doença, só você, sempre você?

É preciso negar tudo que experimentamos como sentimento e emoção para fazer uma promessa dessas; e, vejam, é mais do que uma promessa – é um juramento!

Diria até que se fosse promessa seria mais razoável e mais decente. Se você dissesse, por exemplo: "Olhe, vou fazer o possível. Gostamos um do outro, até agora nos entendemos bem, gostamos de ficar juntos, e com os garotos pode ficar melhor, ou pior – quem sabe? Vamos fazer o possível e um pouco mais para convivermos bem". Até aí, tudo bem. Mas garantir isso é não saber nada, nada, nada de quanto são variáveis nossos sentimentos, em curto, médio e longo prazo. Ou seja: é cometer um erro de palmatória já no primeiro passo. A relação começa com um juramento impossível – e ímpio – contrário ao amor.

Ninguém considera: *jurar fidelidade eterna a alguém é excluir qualquer outro amor da vida.*

É proibir-se de amar.

Absurdo duplo. Primeiro, porque ninguém ama quando quer, a quem quer, o tempo que quer.

AMOR, LIBERDADE E SURPRESA ANDAM JUNTOS

Depois, porque proibir-se de amar é suicídio, pois amor e vida se confundem, como se pode mostrar de mil modos. E volta a família, e a mãe, que pode quase tudo – menos amar a quem lhe ocorrer amar (se não for da família). E então todo o amor se introverte – verte-se sobre os membros da família e na certa – como regra – na forma de amor "meio secreto" pelos filhos homens. Muito da paparicação materna é namoro disfarçado, já que nenhum outro é permitido. E quanta rivalidade entre a mãe e qualquer outra mulher que se aproxime de seu rebento – inclusive as filhas! Muitas mães vivem tentando fazer de seus filhos o namorado ideal que elas não tiveram.

RAÍZES PESSOAIS

Vamos nos deter sobre duas ou três raízes históricas e pessoais da ideia dos dois tipos de amor; elas têm certo interesse e alguma beleza.

A adolescência não foi um período bom em minha vida. Creio que não é muito bom para ninguém, apesar de tudo que se diz da juventude. Na adolescência nos sentimos perdidos, sozinhos, sem saber o que esperam de nós, o que fazer, como nos portar.

Eu sentia verdadeira adoração pelas mocinhas, mas eram tão fortes as inibições sexuais naquele tempo que eu não tinha coragem de me aproximar, de me impor, nem sequer de estabelecer um namoro. Durante muito tempo choramínguei interiormente essa frustração, dizendo: "Que pena, perdi muito da minha mocidade sem namorar".

Revendo a questão por outros ângulos, achei alguns positivos. Exemplo: não consegui ser "normal", não gostava da sexualidade como era comentada pelos amigos no bar ou na escola. Quando em grupos de homens fala-se de sexo – ontem e hoje –, o que se ouve não é uma conversa muito simpática. Eles são grosseiros, nos gestos e nas palavras, são exibidos, têm um modo feio de predador ou explorador. É atávico em sentido próprio. O bando caçador (ou a empresa) pode ser seriamente perturbado por um caso amoroso. Na gangue masculina, a toda hora alguém encena quão bom ele é com a mulher na cama – e em nenhum outro lugar!

Dir-se-ia que a mulher existe – e só existe – para você ir lá, conquistar ou seduzir e depois contar vantagem. Macho leal ao bando faz assim. Mas as exigências biológico-culturais vão além e se fazem contraditórias: o homem pode – e deve – ter muitas fêmeas, mas não pode se envolver com nenhuma. Porque aí "ela começa a mandar em você!" (Que vergonha!)

Mais um conselho: seria maravilhoso se os homens *fizessem*, realmente, aquilo que *dizem* fazer na cama quando estão no bar. Juro que as mulheres agradeceriam profundamente. Mas, segundo todas as estatísticas, os homens fazem sexo sempre do mesmo jeito, dos 15 anos até a hora da morte. São estatísticas numerosas, e o fato não é estranho. É a consequência inevitável da nossa total falta de educação (e de aprovação) da sexualidade.

Estamos convencidos, sobretudo devido à propaganda, de que preconceitos sexuais estão fora de moda. A pose é esta! Acredito que hoje se transe mais do que se transava no meu tempo. Mas não sei se melhor. Não que a transa do meu tempo fosse maravilhosa, não, ela era mais do que precária. Acho que continua precária e dificilmente será melhor. O sexo continua banal ou banalizado.

Lembrar a pedra fundamental do edifício social:

NA SAGRADA FAMÍLIA, NINGUÉM TEM PINTO NEM XOXOTA

Durante 20 anos, um cara de pau. "Mamãe? Imagine! Quer me ofender? Você acha que minha mãe tem uma coisa dessa?"

Filho não pode ter pinto diante da mãe, o que é muito ruim para os dois. Nem filha pode ter xoxota na frente do pai. Depois disso, quando casamos, será possível nos sairmos bem? Educação sexual ideal, para mim (é um de meus sonhos): a do menino deveria ser feita pela mãe, e a da menina, pelo pai, em muitas conversas carinhosas depois de muito contato, desde o nascimento. Conversa amiga, muito de aprovação, talvez com um toque de cumplicidade, e sempre com muito contato de pele.

O que recebemos é tudo ao contrário. Desde pequenos, falou em sexo, fecha a cara, ri como um bobo, fica vermelho, solta uma piada que a criança não entende. Ela vai descobrindo que tem uma bomba--relógio entre as pernas e ninguém lhe diz o que fazer com "aquilo". Só no grupo de amigos; aí, sim, é a única pseudoeducação sexual que temos. É a conversa entre amigos, a maioria delas bastante repetitiva, porque dez ignorantes falando de assunto do qual nenhum entende não resolvem muito a questão.

Aliás, não comentam. Representam e se exibem. A maioria dos homens não lê nada a esse respeito. Se você convidar um amigo: "Vamos a uma palestra sobre educação sexual?", ele vai olhar você com aquela cara assim: "O quê? Educação sexual, eu? Já sei tudo". "Já sei tudo" quer dizer "nunca pergunto para ela o que ela achou, e faço até questão de não olhar muito para o rosto dela depois".

Naquele tempo eu morria de encantamento pelas mulheres, mas não tinha coragem de chegar perto. Por não ter namorada, eu podia adorar quatro ou cinco moças lindinhas da minha terra ao mesmo tempo e, cada vez que via uma delas, tinha um dia cheio de alegria e felicidade – só de ver a menina bonitinha. Como eu não tinha compromisso nem obrigações com nenhuma, podia viver esse encantamento meio platônico sem culpa, sem medo e sem que alguém me aborrecesse por eu estar olhando e achando bonito. Se eu tivesse outra bonitinha ao lado, ela provavelmente se incomodaria, e eu teria de ficar só com ela.

Minha tese: essa monogamia compulsória é a própria pobreza da vida amorosa, que pode ser imensamente mais rica do que os nossos costumes ciumentos e possessivos permitem – para desgraça de todos.

Essa forma de amar durou bastante e era muito profunda. Embora seja simples relatá-la, foi vivida durante anos, no dia a dia, com muito calor e excitação.

No consultório de psicoterapia era fácil – e útil – amar a muitas pessoas (veja adiante).

Aos 58 anos, encontrei minha quarta mulher, Amrit Leela, "Eterna Brincadeira" em sânscrito. Vivemos e continuamos a viver um amor deveras criativo. Eu já estava mais do que maduro e ela também, embora ela tivesse 18 anos.

O ponto marcante a ser comentado em detalhe, agora, é que durante mais de dez anos tínhamos, quase diariamente, uma, duas ou mais horas de envolvimento físico. Como diz a mestra Rita Lee, nada melhor do que não fazer nada e ficar junto de uma pessoa muito querida, olhando, conversando, mexendo, acariciando, às vezes transando, às vezes não. Ao longo desses anos, de duas horas quase diárias de contato e carícias, fomos passando por um processo bonito e profundo de amaciamento de arestas externas e internas. Ao mesmo tempo ocorria uma considerável ampliação da consciência – como é lógico e como nos diz o tantra.

Marque o tempo, leitor: duas ou três horas de carícias. Esse é o tempo que dura a "catação" dos chimpanzés, que visivelmente adoram manipular e ser manipulados, e assim vivem mais mansos, mais unidos e na certa mais felizes!

COMO É DIFÍCIL AMAR

Ao mesmo tempo que eu amava o amor, sofria de um desalento crescente em relação a ele. Há quase 50 anos sou psicoterapeuta. Se não houvesse família, não haveria psicoterapia; 80% do tempo da psicoterapia é "porque meu pai", "porque minha mãe", "porque meu filho", "porque meu marido", e fica-se nisso.

Eu tinha uma paciência de frade, muita leitura, muita criatividade, levava a sério o que fazia e durante 50 anos tentei ver se havia remédio para esse mal, isto é, se más relações familiares podem se fazer aceitáveis. Hoje digo para vocês enfaticamente: não há remédio. Coloque quaisquer quatro ou cinco pessoas juntas (não precisa nem ser família, é bom notar) e faça que elas se encontrem de manhã, à tarde, à noite, ficando juntas de uma a duas horas de cada vez. Em uma semana começam os atritos, em um ano o convívio fica impossível.

A única família que pode ser feliz é aquela na qual, logo que possível, cada um arrume o que fazer *longe da família*. Aí, sim, quando se encontram, tendo cada um seus amigos, seus afazeres, seus interesses, se possível até sua residência, é bem capaz que tenham satisfação no encontro.

Uma família que vive separada, do modo como dissemos, pode sentir muito amor; se vive muito junto, eu não quero viver lá por dinheiro nenhum do mundo, mesmo que as aparências sejam maravilhosas.

Eu sofria, então, durante muitas horas, todos os dias, anos a fio, toda essa influência negativa.

Os estudiosos afirmam: toda neurose começa na família e por causa das relações familiares – antes dos 5 anos de idade, quase sempre por influência materna.

Eu aguentando quatro famílias minhas (sucessivas!), algumas marginais, e milhares de outras, as pessoas se queixando, acusando, e eu fazendo o possível para ouvir com interesse, para ver se achávamos saídas.

Claro, sempre se consegue alguma coisa, o suficiente para acreditar que "um dia" nos entenderemos – e continuar o drama. Mas nunca pude me dizer: "Valeu a pena, está resolvido, foi ótimo e continua muito bom". Dava apenas para dizer: "Está remendado, está costurado, dá para levar, mas não ficou bom".

E repito: não acredito que quatro ou cinco pessoas possam estar juntas frequentemente e se dar bem mesmo que não sejam uma família. Se tiverem idades diferentes, muito pior! Armarão encrenca fatalmente, atritos dolorosos e crônicos, muita fofoca, muitos "A culpa é sua", "Você está errado" ou "Você faz sempre assim...".

A INFANTILIZAÇÃO DOS FILHOS

A idade natural do homem é de mais ou menos 30 anos (nenhum fóssil foi encontrado com idade maior). Aos 6-7 anos, uma menina pobre cuida da casa, dos irmãos, cozinha, lava... Autonomia de sobrevivência.

Aos 13-14, uma "menina" é uma fêmea madura (entre índios, já é mãe). Aos 14-15, os meninos fazem sua iniciação – e se tornam "adultos".

Nossa vida dura hoje 70 anos, e tantos querem que a família dure o mesmo tempo, quando é óbvio que nosso equipamento biológico – como o dos animais – nos diz duas vezes, com muita força: primeiro, cuide de você (7 anos); segundo, procrie (15 anos). Para nós, a criança é um ser inútil, e o adolescente, um "menino" irresponsável. Todos dizem que contrariar a natureza é muito perigoso. Eu também acho. *Noventa por cento* dos crimes e atos violentos são cometidos por "menores" de 20 anos!

A família – como nós a desejamos – nada tem que ver com a família natural, que termina quando os filhos amadurecem o bastante.

Parece impossível juntar família e felicidade amorosa. Ela é contrária a nossos comportamentos deveras naturais, acabamos de mostrar; como é contrária ao nosso sentir, ao nosso desejar, ao nosso espírito aventureiro e ao nosso destino de eternos mutantes.

Mais uma exigência bem contrária à natureza – mas exigida pelo preconceito – ocorre na família, exigência responsável por metade do consumo de luxo e por 70% das doenças.

A SALVAÇÃO ESTÁ NA FUGA

A fuga é a primeira, a mais fundamental e a mais frequente das reações de qualquer animal diante de qualquer ameaça ou perigo. Em família, pode tudo – deveras tudo –, menos ir embora.

E assim se transforma amor impossível em estresse crônico e em patologia médica (e muita – deveras muita – infelicidade), passando as pessoas do empenho para a desilusão, da ambição para o desânimo, do entusiasmo para a resignação, das carícias para a distância; diga você, leitor, diga qual par você vive.

Vive?

Bem sei que família pode proporcionar às vezes felicidade e até a ilusão de segurança, pode ajudar economicamente, perdoar sempre e mais. Mas eu me propus fazer a contabilidade da instituição: quanto custa, para o indivíduo e para a sociedade, o mito da família necessária, maravilhosa e eterna? Será que não pagamos por ela o preço deste nosso mundo tão ruim? Não é ela a "célula *mater*" – a mãe de tudo? Se nosso mal se deve a pessoas "sem caráter" ou de "mau caráter", quando começou o desvio?

Nunca consegui fechar muito os olhos para os problemas do mundo moderno, a bomba populacional, que é espantosa, a fome coletiva, armas – o negócio mais rendoso do mundo –, guerras por todos os lados, poluição física, mental e espiritual, exploração, corrupção, abuso de poder, tudo isso me assusta muito, e eu não consigo fugir do medo – emoção fundamental. De um modo ou de outro, todos sentem esse medo, continuamente alimentado por aquele cano de esgoto que se chama TV, aberto várias horas por dia na sala de estar de nosso lar. Só tem podridão, patifaria, miséria, assassinato, um horror de se ver. Entra a ficção, a mesma coisa, brutalidade, estupidez, a eterna caça ao tesouro a qualquer preço, de qualquer jeito; entra o desenho animado, até de brincadeira se briga; entram Tom e Jerry, entra o Pica-Pau, um psicopata total – elevado a modelo de esperteza e safadeza.

Não me negando a sentir medo do mundo e pelo mundo, e porque adoro a vida de mil maneiras, foi se formando em mim um pensamento: "Olhe, todo esse medo acumulado, que continua crescendo, tem de provocar uma reação no animal, apesar de tudo saudável, que existe em nós; eu não sei qual, mas acredito que o medo gera soluções". Mais esperança do que fé.

Ao me preparar para esta conversa, comecei a perceber o que nosso medo já está fazendo. Começo a acreditar: a ideia que vou propor aqui é o que já está acontecendo de verdade, como uma mutação natural, além da mutação social que eu pretendo – e espero. Principalmente a superpopulação. Não esqueçam nunca, nunca, nunca como é terrível a multiplicação viva. Se hoje (1994) somos 5,5 bilhões, daqui a 20 anos seremos 11 bilhões![1] Isso é uma autêntica reação em cadeia, muito mais perigosa para a humanidade do que as

---

1. Hoje (2013), 19 anos depois do lançamento desta obra, somos cerca de 7 bilhões de pessoas. [N. E.]

bombas atômicas. A China está usando meios brutais de controle da natalidade, dizendo: "Chega, minha gente! Não dá para todos!" Distribua-se tão bem quanto quiser. Já foram feitos cálculos: mesmo que hoje fossem distribuídos, equitativamente, todos os recursos alimentares do mundo, todos passariam fome porque não há o suficiente para todos. Então me pergunto: diante dessas ameaças naturais criadas pela reprodução, mais as ameaças geradas pela tecnologia, será que a natureza não fará nada para equilibrar esse estado de coisas?

HOMOSSEXUALIDADE E CONTROLE DA NATALIDADE

No início do século 20, o movimento homossexual vivia na sombra. De lá para cá começou a ser falado, comentado e, em certa medida, aceito. Não se sabe se há um aumento real ou se há mais tolerância – o que permite às pessoas se declarar homossexuais, quando antes não teriam coragem. Acredito que um possível fator do aumento da homossexualidade é uma tentativa natural de reduzir a reprodução. Pode ser pensado, porque afinal as relações homossexuais são estéreis; você pode ter amizade, companhia, prazer, mas não filhos. Mas isso eu deixo para quem quiser acreditar, e, honestamente, nem eu creio totalmente nisso. Mas é preciso lembrar a "solução" achada pelos lemingues insulares. Ao aumentar o número além da reserva alimentar, eles tentam a migração em massa, que redunda em afogamento coletivo. Se a natureza leva ao suicídio, por que não poderia alterar nossa sexualidade?

O que está acontecendo a todo o vapor nas cidades grandes é a redução ou "desagregação" dos valores familiares, ou do amor monogâmico permanente (compulsivo, dizia Reich). Ao mesmo tempo, aumenta o número dos amores não conjugais, eles também infecundos. A maioria das pessoas não tem filhos nas suas ligações ocasionais. Temos, inclusive, meios bastante seguros para impedir a fecundação. Convém lembrar, enfim, a relutância do Primeiro Mundo em se reproduzir. Em sentido oposto, mas complementar, a florescente e equívoca sociedade do prazer, cada vez mais falada.

Em resumo, a natureza – digamos que ela esteja falando: é preciso menos casamento, menos reprodução, menos família e mais amor entre as pessoas.

Esse seria um grande movimento facilitado pelo temor natural da explosão populacional. Já existem dois bilhões de crianças sobrando no mundo; por que continuar produzindo crianças nesse ritmo, para que façam o quê, meu Deus do céu?

A SALVAÇÃO ESTÁ NOS AMORES (MUITOS)

Aí está esboçada nossa tese geral: existem pelo menos duas classes de amor: um amor de família e um amor de desenvolvimento pessoal; um amor de reprodução e um amor de recreação. Há evidências consideráveis ao longo da história e da vida individual a favor dessa dualidade. Ainda hoje a maioria das pessoas tem sua família e seu caso ocasional. Isso acontece em todos os tempos e em todos os lugares.

Entre alguns povos eram impostos suplícios torturantes e mortais para quem fosse apanhado em adultério, o que não impedia essa prática, apenas tornava as pessoas muito mais espertas e astutas – como hoje.

Querem mais um exemplo divertido? Esse é realmente de primeira, e serve de mau conselho para todo mundo. Cuidei há tempos de uma mulher simpática, muito viva, que tinha namorados, gostava de ter namorados, mas era casada. Ela dizia: "Olha, Gaiarsa, meu truque é este: em casa eu sou a ciumenta mais descabelada do mundo; quando meu marido chega, eu cheiro ele inteiro, examino tudo, com olhares terríveis. 'Onde você esteve em tal hora?'" E todo o santo dia ela mantinha o coitado acuado. Ele jamais teria a possibilidade de pensar que a situação poderia ser o oposto!

As mulheres são muito espertas, não é? Têm de ser, porque senão elas entram bem. Está claro? Têm de ser. E, se são muito bobas, o melhor é não fazer nada, porque senão o castigo é péssimo. Aí estão as principais raízes individuais, coletivas, históricas e até biológicas para nossa tese dos dois amores.

2
A FAMÍLIA × CONTATO AMOROSO

POR QUE OS ÓRGÃOS SEXUAIS SÃO PRAZENTEIROS?

Por que os animais desenvolveram sensibilidades específicas nos órgãos genitais e proximidades? Os antigos moralistas diziam: "Deus deu tanto prazer na reprodução para você poder aguentar a carga dos filhos depois". Era preciso ser um moleque brasileiro para imaginar a hipótese; um cientista puritano não ousaria pensar nessa explicação – por outro lado, óbvia. Em todos os quadrúpedes, a posição padrão de coito é o macho cavalgando a fêmea por trás. No cachorro é típico, no cavalo, boi, porco etc.

Uma piadinha de graça para vocês, inventada pela minha mulher. Ela dizia assim: "Sempre que eu quero o Zezinho de joelhos, é só eu ficar de quatro!"

Um animal nessa situação jamais poderá introduzir o pênis na vagina *olhando*. O pênis tem de achar o caminho "sozinho".

Esse foi um dos grandes estímulos para o desenvolvimento/seleção da sensibilidade dos órgãos sexuais.

Em um bom brinquedo erótico, não é só o clitóris ou o pênis que têm prazer, é toda uma espécie de alvo que envolve o púbis e vai entre a raiz das coxas, o períneo todo e parte das nádegas; o centro desse "alvo" é o pênis e o vestíbulo vaginal. É um alvo de sensibilidade crescente em direção ao centro, que permite aos animais, mesmo de olhos fechados, saber se chegaram lá ou não.

Na reprodução podemos distinguir dois problemas. Primeiro, como encontrar a fêmea. Há um besourinho que periodicamente bate o traseiro no chão, como um chamado para a fêmea, que faz a mesma coisa, até a dois quilômetros de distância! O odor atraente das borboletas é outro fato antológico. Quem faz essas coisas – a natureza – na certa fará melhor ainda quando o caso não for tão complicado, ou tão distante.

Mas ainda discutiremos o que faz que as pessoas se escolham como par amoroso.

Era necessário garantir o acoplamento, e, notem bem, na maioria dos mamíferos há a entrada da vagina logo abaixo do ânus, e logo abaixo da vagina está um espaço entre as coxas que quase sempre é estreito. Por isso, era muito fácil errar o caminho, realizando o macho um coito anal ou um coito entre as coxas, sem querer. Era preciso desenvolver uma sensibilidade muito específica para que tudo isso pudesse ser feito sem olhar. Nós podemos ter uma relação sexual olhando, mas também não é muito fácil. Além de tudo, os animais não têm mãos nem posição de olhos que lhes permitam corrigir erros. Tudo aquilo que garantia o acoplamento reprodutor obviamente era conservado e o que atrapalhava era esquecido, e foi essa seleção que desenvolveu a sensibilidade das regiões sexuais.

O RITUAL DA COMUNHÃO

Agora vamos examinar de perto algo muito bonito. Poderíamos dar muitos nomes para o fato. Um dos melhores seria ritual da comunhão. Contato vivo, contato vegetativo, intimidade profunda, enamoramento, encantamento, estado amoroso, embriaguez do encontro, festival do amor são outros tantos nomes para essa situação. Carlos Drummond chamou-o de enloucrescer.

Para nossa descrição, vamos tomar tipicamente um homem e uma mulher, embora isso não seja necessário. O encontro pode ocorrer entre pessoas do mesmo sexo, entre pessoas de idades diferentes, de raças distintas, pode acontecer a qualquer hora e não envolve apenas a sexualidade. Alguém que primeiro me prendeu pelos olhos, pelo sorriso, pela conversa, pelo "Que gracinha", "Que bonita", "Que simpática", "Que gostosa", "Que inteligente"; num momento mais feliz chegamos perto, nos abraçamos, nos sentimos, trocamos beijos, começamos a fazer agrados. É essa hora que quero examinar de perto: quantas qualidades transcendentes se manifestam nesses encontros.

Dizemos contato vivo porque nem todo contato é vivo. Podemos estar junto de uma pessoa que, se fosse uma cadeira, dava na mesma, não há vibração, não há eletricidade, não há comunicação. Quando há esse contato e essa comunicação, começam a ocorrer fatos que só podem ser chamados de transcendentes.

Antecipando: é um momento de iluminação a dois – um iluminando o outro, em um processo autossustentado, recíproco.

Vamos ver as qualidades desse momento.

A primeira qualidade, a mais simples e ingênua, é a boa adaptação corporal. Quando você está se dando muito bem com uma pessoa, seja em pé, seja sentado, seja andando, seja deitado, de qualquer jeito que você se aproxime ou se envolva, vocês se encaixam – e tudo fica bom. Quando você não está se dando bem com alguém, tudo atrapalha: o joelho, o cotovelo, o nariz, o olhar... – e a gente não encontra jeito de ficar perto.

Essas coisas são muito sutis. Estava ontem com um de meus netos, o filho menor de Paulo. Muitas vezes nos estudamos, mas ainda não desenvolvemos uma relação pessoal. Venho a Brasília poucas vezes, fico pouco tempo, e o garoto sabe muito bem o que quer; tem 3 anos e meio. Ontem eu o visitei, os pais não estavam. Ele estava gripado, tossindo, e por isso meio enjoadinho. Numa certa hora, o irmão mais velho começou a mexer com ele. Eu disse: "Não mexa com ele, ele tá muito ruinzinho hoje, deixe-o em paz". O que esse irmão faz com o outro não chega a ser cruel, mas é um fantástico exercício de controle sobre as emoções do outro!

O mais velho me ouviu e parou. Mais adiante tiveram outro atrito, o menor começou a chorar e foi para a rede. O maior foi para lá e disse: "Ei, não precisa chorar tanto assim, não machucou nada" (o que era verdade). Entrei de novo: "Espere aí, deixe-o chorar à vontade, deixe-o desabafar um pouco". O menor estava deitado numa rede, e poucos minutos depois perguntei: "Quer que eu fique aí com você?" Ele olhou, mas não fez nenhum aceno. Eu esperei um pouco, fui até ele e me sentei na rede.

É aí que entra a questão da adaptação corporal. Eu estava com a maior boa vontade do mundo. É fácil ser cuidadoso com uma criança doente; com jeito conquisto as crianças com quem simpatizo; tenho habilidade com as mãos, pois sou terapeuta corporal há muitos anos.

Passamos três, quatro, cinco minutos quietos, com pequenos reajustes, mas daí a pouco ele se levantou, foi para a outra rede. Não deu encaixe – que coisa curiosa!

Só quando ele saiu e sentou-se longe eu disse a mim mesmo: "Olha aí, não conseguimos nos encaixar gostoso, nossa relação é muito verde, muito crua".

Voltando: o primeiro passo da relação, dos mais claros e evidentes, surge durante a marcha – ou a dança (juntos). Se você caminha com uma pessoa muito querida, mão no ombro, mão na cintura, mãos dadas, quando as coisas estão bem, a gente dança junto; quando não, começamos a errar o passo, a empurrar, a puxar. Os gestos estão dizendo: separa, separa, separa, porque não está junto mesmo – veja bem.

Vamos ao segundo fato aparente e fácil de perceber – com um preâmbulo. Mesmo de quem eu gosto muito, não gosto 24 horas por dia; mesmo estando com quem eu amo muito, não é a qualquer hora que se dá esse contato. O pressuposto matrimonial diz que se deu certo algumas vezes vai dar certo a vida inteira, a qualquer hora e em qualquer lugar – imaginem! A realidade mostra que não é nada disso.

SEGUNDA QUALIDADE DO CONTATO VIVO: O CASULO

Quando estamos num bom momento para os dois, vai descendo sobre nós uma espécie de campânula que nos isola do mundo.

Eu e você e mais nada.

Eu gostaria de comparar essa sensação de isolamento a dois com a formação de um casulo.

Ocorre o isolamento porque vai acontecer uma coisa muito importante e muito delicada aqui dentro – entre nós.

Só nós dois no universo – é muito bonito isso.

A melhor prova da existência desse casulo, de que ele é natural e não cultural, vamos encontrar em Bonnie e Clyde. Eram dois que se amavam para sempre; os outros eram todos inimigos, o que nos leva à patologia do casulo. Vocês sabem que um dos piores amores é quando duas pessoas se fecham entre si num autismo a dois. Num esforço destinado talvez a eternizar sua união, as pessoas, juntas, se põem contra o mundo. Amor de polvos! É um elo deveras maldito esse que gera continuamente medo e raiva, porque de qualquer homem que se aproxime ela pode gostar e de qualquer mulher que passe por perto ele pode gostar. Então não pode ninguém, então isola, e nós temos o desplante de chamar de amor o que é pavor.

TERCEIRA. ALÉM DOS TEMPOS E DOS OUTROS

Vamos além: segunda característica, então, do êxtase: longe do mundo, dos outros, da sociedade. Mas a mágica é maior, porque os dois enamorados ficam fora do espaço e fora do tempo. Do tempo de relógio e folhinha. Talvez "dentro" do que Bergson chamava de "duração verdadeira" – quiçá tempo real. A sensação é esta: não importa o tempo do relógio, às vezes dura cinco minutos, foi uma maravilha; às vezes dura cinco horas e a gente nem percebe que passou; pode durar poucos segundos – como um clarão! É inevitável lembrar Vinicius, sobre o amor: "Que não seja imortal, posto que é chama, mas que seja infinito enquanto dure". Quantas pessoas entendem esses versos? Quando ocorre esse momento de eternidade, logo depois as pessoas começam a cobrar a eternidade concreta (vitalícia, diria melhor). "Agora você é meu pra sempre!" Mas é claro que só pode ser uma *sensação* de eternidade, e não uma duração *permanente*.

Aliás, o que dura para sempre?

"Fora do tempo" é tão bom quanto "eternidade" – e evita cobranças absurdas! Vamos repetir: bom encaixe, casulo de isolamento, saída do espaço e do tempo comum; não raro, saída da gravidade, principalmente quando se está envolvido num jogo erótico, lento, não fanático, não muito excitado, mas de brinquedo; muda até a sensação de peso, fica tudo muito leve, isto é, a própria gravidade parece se atenuar em certa medida, os movimentos ficam muito mais fáceis, cansam menos, às vezes fazemos uma ginástica e assumimos posições esquisitíssimas. Se fôssemos fazê-las de propósito, não sei se conseguiríamos, mas no embalo do momento sai fácil e é muito bonito, e tudo é muito bom.

Vejam que coisa espantosa: fora do espaço, do tempo e da gravidade. Mas não acaba aí a mágica desse momento.

QUARTA MÁGICA DO CONTATO: CRIAÇÃO CONTÍNUA

Nesse estado não existe tédio, nem enfado, nem aborrecimento, nem enjoo. A ideia é que, se durasse para sempre, ficaríamos felizes para sempre – ao contrário de todos os prazeres da vida. Se você come muito do que mais gosta, depois de certo tempo chega, não é? Qualquer que seja o seu gosto, você não vai ficar fazendo eternamente aquilo, chega uma hora que cansa, aborrece. É um modo de funcionamento básico do sistema nervoso: ignorar estímulos sempre presentes (cenário) ou muito repetidos. Perde-se então a consciência do ato – ou da percepção. O que se repete torna-se automático.

O estado de encantamento amoroso parece não ter fim. Na certa tem, mas a sensação é a de ser feliz para sempre. Se não é automático nem enfadonho, então é criação contínua!

QUINTA MÁGICA: PANACEIA UNIVERSAL

Agora vamos falar do poder de cura do amor, dado fundamental para nossa tese. O amor como terapia ideal; ou, mais ainda, o amor como única força capaz de nos humanizar. Terapia no melhor significado da palavra: como alcançar altos níveis de consciência, de percepção, de sensação – de vida.

Só o estado amoroso é capaz de nos fazer crianças outra vez, de apagar instantaneamente todos os condicionamentos sociais, de realizar o que nos disseram todos os iluminados: "Se não fores como crianças, não entrareis no reino de Deus..."

Em um momento as pessoas dizem que é natural, ótimo e maravilhoso buscar a felicidade, mas quando ela passa perto, nove vezes em dez, ela é "fora da lei", proibida; então a criticam e a desprezam como se amar fosse – imaginem! – um pecado mortal.

Nos momentos de contato profundo ou de comunhão emocional, temos sentimentos de adolescente e sensações de criança.

São momentos altíssimos da vida.

Ter sensações de criança quer dizer sentir muito prazer sem culpa, sem vergonha e sem medo, na mais completa inocência.

Ter sentimentos ou emoções de adolescente quer dizer reviver o tema eterno de Romeu e Julieta – a revolução que nunca permitimos que aconteça, porque nosso mundo persegue e reprime o amor mais do que qualquer outro sentimento.

Muitos usam essas duas declarações com sentido contrário ao que elas têm. A inveja da felicidade amorosa é a pior inveja do mundo, e a mais frequente. Ninguém pode ver ninguém feliz amorosamente, pois essa visão faz perceber, no ato, o vazio e o sem sentido da vida sem amor. E logo se ouve: "Você parece criança", "Você parece um adolescente". Uma boa resposta para tais blasfêmias seria: "Você parece invejoso..."

Consideremos a noção oposta, a de amor sério e maduro. Quando leio sobre "amor maduro" nos textos de psicologia, vejo alguém de casaca na cama; o fundo musical é um tango argentino, o mais adequado para a relação-padrão, banalizada em todos os seus elementos, aquela que se pode ter de sobra a qualquer hora. Hoje em dia se diz, com toda a razão, que é muito mais fácil transar do que ter intimidade com alguém.

Vamos ver de perto como o tornar-se criança é a essência da força curativa do amor. Vamos falar da couraça muscular do caráter (Reich). Couraça é um nome feliz por lembrar o Cavaleiro Andante, mas não é muito exato. Há "couraças" moles, por exemplo – dá para entender? As pessoas são mais ou menos rígidas ou constantes nos princípios, nas atitudes, nos gestos; mostram-se defensivas, reservadas, orgulhosas, desconfiadas. Ou são tímidas, fechadas, encolhidas. Ou ainda atrevidas, autoritárias, beligerantes, "donas da verdade".

Uma boa definição de couraça muscular do caráter é: toda a força que eu faço para não fazer o que eu quero, aquilo de que eu gosto e aquilo de que preciso.

Vocês sabem que nós vivemos o dia inteiro tendo desejos, dos quais muito poucos são realizados, e quanto mais erótico ou fora da nossa rotina pior para ele, porque vai ser excluído, negado, reprimido. As pessoas sabem o que precisam fazer – o que lhes falta. O que falta é coragem e decisão para enfrentar os outros.

PORQUE TODOS VIGIAM A TODOS PARA QUE NINGUÉM FAÇA AQUILO QUE TODOS QUEREM

O homem é um animal racional – não há dúvida nenhuma! O homem é, antes de tudo, um imbecil coletivo.

Como fazemos para não deixar ninguém em paz? Primeiro, vivemos de olho um no outro o tempo todo. Segundo, fazendo fofoca.

Eu gostaria de conversar com um psicanalista e saber a opinião dele sobre a fofoca. Na certa ele mal a considera, preferindo falar dos grandes pavores internos, primitivos, arcaicos. No entanto, não fazemos quase nada do que gostaríamos por medo de fofoca – ponto. E quem tiver medo de fofoca vai ficar sem se realizar, e o medo de ser malfalado é o mais poderoso fator de irrealização humana.

Além da fofoca de fora, temos a fofoca de dentro. Quando me aparece uma ideia fora do comum, eu digo a mim mesmo: "Nossa, o que foi que pensei, que horror!" Eu diria até que o superego é a comadre (interna) mais fofoqueira do mundo: ele desconfia de tudo que eu faço e o diabo é que ele sabe tudo de mim. Por isso ele me amarra. Vivo dando longas explicações a mim mesmo, "provando" o tempo todo que minhas intenções são sempre puras e que toda a maldade vem de fora, dos outros, que "me obrigam" a ter maus pensamentos e maus desejos.

Se eu for bonzinho, tiver uma namorada de cada vez, passa; se for casado, passa. Se eu cismar de ter duas namoradas, logo surge a famosa pergunta:

PODEMOS AMAR DUAS PESSOAS AO MESMO TEMPO?

É mais do que evidente que sim. Acontece muitas vezes, mas as pessoas têm medo de dizer a si mesmas – porque todos dirão que não é possível. O preconceito matrimonial do amor único (e eterno!) emburrece as pessoas, que deixam de perceber os muitos amores que estão sentindo, que estão disponíveis à sua volta.

Estranho? Não. É igualzinho à infidelidade que todos negam (em público) e quase todos praticam (em particular). Quando nos encantamos com alguém, a primeira coisa que fazemos é virar as costas e seguir em sentido oposto. E depois choramos porque somos infelizes na vida e não encontramos o amor...

Pode-se ver isso em modelos mínimos: sala de espera de cinema, por exemplo. Você com um amigo, conversando, dando uma olhada e tal, não é? De repente, o olhar para em alguém que está olhando para você também. A coisa dura um ou dois segundos. No momento seguinte, desviamos os olhos depressa e iniciamos o jogo de gato e rato: quero vê-la quando ela não estiver olhando. Ela quer me ver quando eu não estiver olhando. Toda a nossa aproximação amorosa é uma sequência interminável de "Não ligo pra você", "Você não me interessa", "Eu nem olho para você", "O que é que você está pensando?" Você está pensando que eu quero? Quero mesmo! Só que não pode *parecer*, não é?

O modelo mais espantoso dessa negação amorosa é a dança espanhola a dois. Os dois são orgulho puro: vivem mostrando que se desprezam a cada passo, em cada olhar, em cada gesto, mas dançam juntos o tempo inteiro.

É hora de parar e perguntar: vocês se amam ou se odeiam, afinal? Os espanhóis são famosíssimos por esse orgulho desmedido. Na hora da dança, presumivelmente amorosa, ambos parecem muito mais orgulhosos e depreciativos do que amorosos.

OS PORTÕES DO CORAÇÃO

Antes de falar do amor terapia, quero relatar uma experiência pessoal. Certa ocasião, eu fazia um grupo de fim de semana, um dos grupos mais pobres em matéria de qualidade humana que já vi na vida. A única coisa boa que havia lá era uma moça que tinha ombros muito bonitos.

Colocar bem os ombros é a parte mais difícil da postura, e até hoje só conheci três ou quatro pessoas que transmitiam – no modo de levantar os ombros – leveza, graça, facilidade.

Quase todos nós carregamos nos ombros o "peso" das responsabilidades, das preocupações; quase todos nós "fechamos" o peito na tola intenção de "proteger" o coração...

Nas horas de conversa com o grupo eu já havia reparado nos ombros da moça. À noite, houve um baile (ficamos lá três dias, juntos). Durante o baile cheguei atrás dela, olhei, admirei, perguntei: "Posso mexer em você?" "Pode." Eu descansei as duas mãos, uma sobre cada ombro... Só descansei o peso das mãos. Sentia muito prazer no contato. Pouco depois os ombros começaram a descer, descer, descer... Minha sensação era que eles desceram durante uma eternidade. Eu fiquei surpreso e perplexo. "Valha-me Deus, o que é isso?" Insisto, eu não estava fazendo nada. Só soltando o peso dos braços. Havia contato entre nós, bem agradável, e eu diria que ela foi seguindo o movimento de abandono sugerido pelo peso. Quando parou de descer, deixei as mãos deslizarem lentamente para as costas, e depois fui avançando para a frente com as duas mãos rodeando o tórax. Aí aconteceu o drama de sempre. O gesto exato a ser feito era avançar as mãos e colher os seios da moça. Fazia parte do momento, e eu sei separar bem quando é do meu gosto e quando é o imperativo do momento. Tinha de ser feito, mas estávamos em público, então a mão avançou um pouco mais e parou. Cessou o contato vivo.

Depois trocamos impressões. Ela disse: "Que coisa bonita, Gaiarsa. Quando você pôs as mãos e meus ombros foram baixando, eu vi um portão gigantesco, de cidade antiga, pesadíssimo, que muito, muito devagarinho começou a abrir, abrir, abrir (e as mãos faziam o gesto de abrir o peito). Quando você avançou com as mãos, o portão foi se fechando rapidamente, até fechar de vez, com violência. Até ouvi o estrondo final!"

A "TÉCNICA" COMO NEGAÇÃO DO CONTATO

Essa experiência me marcou a ponto de muitos e muitos anos depois ainda estar presente em minha memória, e me ensinou o que, bem no fundo, todos sabem: o melhor modo de abrandar rigidez – de caráter, de corpo, de ideia – é fazer carícias cuidadosas, de coração. Nada dissolve mais as reservas, desconfianças e suspeitas do que carícias bem-feitas – e bem recebidas. Isso é uma arte rara! Apertar, puxar, esticar, alongar são recursos de segunda ordem, usados quando não se pode amar, ou quando não há amor. Aí você usa uma técnica, mas esta é de eficiência muito limitada diante da força do gesto amoroso. Ele dissolve de vez separações, isolamentos e distâncias, e cria com certeza um elo afetivo imediato entre as duas pessoas. Ao passo que, apenas com a técnica, fica ele pra lá e eu pra cá. Como temos medo um do outro, usamos a técnica, e não o amor. Nós temos medo, isto é, paciente e terapeuta.

Entre parênteses, nada se parece mais com um necrotério do que um hospital. No lugar do mundo onde mais seria necessário muito amor e muito contato há uma frieza, uma brancura, um cheiro de remédio que é feito para matar as pessoas, não para fazê-las viver. Esses hospitais e essa medicina ultrassofisticada, de um lado, fazem milagres, mas, de outro, nem de longe compreendem o milagre da vida e do amor.

A medicina, tão presa ao sistema quanto a economia, vem servindo apenas para tapar os buracos que a vida cada vez mais artificial vai criando.

Vamos adiante em nosso estudo do momento amoroso. Se troco carícias de boa qualidade e com empenho, não há melhor meio de dissolver bloqueios.

Desde há muito se sabe: não há terapia melhor do que um amor bem cultivado, esclarecido, cuidadoso, sempre atento à reação do outro a tudo que faço. No tempo de Freud nem se podia pensar em usar técnicas corporais de massagem, por exemplo, ou de contato. Então ele se concentrou nas palavras, porque não podia entrar em contato; seria algo comprometedor demais naquela época.

Daí toda uma psicologia da explicação, no lugar de uma experiência de relacionamento a dois. Ficou a ficção técnica do "não estou aí", não faço nada, só o cliente está lá, e não tenho nada que ver com ele, ficção espantosa mas muito de acordo com toda a ciência que pretende ser rigorosamente "objetiva" (sem sujeito...). Dizia o filósofo britânico Bertrand Russell: "No espaço da Física não há observador".

O INCONSCIENTE É INVISÍVEL – SERÁ MESMO?

Freud nos deu a noção – isto é muito importante! – de que o inconsciente é invisível. Para fazer análise, você vai ao psicanalista, que é um mergulhador das profundidades, diz ele. Vai lá no fundo, mexe nas coisas, ninguém sabe bem como, onde, o que é, e depois de três anos conclui: "Olhe, você tinha muita raiva do seu pai, viu? Olhe... você queria esganá-lo". Isso eu sabia desde a primeira vez que perguntei: "E seu pai?" O rosto, gravado em vídeo, mostraria claramente a raiva do pai na cara do paciente. No primeiro instante ele fecharia a cara. Pouco depois – um décimo de segundo depois – o rosto se abrandaria e ele diria: "Pai é pai, e ele fazia tudo por nós..." Mas a raiva havia lampejado no rosto na hora da pergunta. Hoje temos prova cinematográfica do que estou dizendo. Falta aos psicólogos observação. O que existe é muita orelha e pouco olho, porque tudo que se diz que está ou é inconsciente é assim para o sujeito, mas não é invisível para o observador. Se estou com inveja, com raiva, com ciúme, se vê na cara, se ouve na vibração da voz.

É IMPOSSÍVEL DISFARÇAR EMOÇÕES

Não preciso ficar cinco anos ouvindo para perceber a emoção da pessoa. Preciso é ter olho vivo. Porque, como não vejo meu corpo, e como nele estão minhas repressões, elas estão seguras porque eu não as vejo!

As minhas expressões são inconscientes para mim, mas não são invisíveis para você – para qualquer um que esteja olhando. Sabe, amiga invejosa todo mundo identifica, assim como a mãe autoritária. Olhou, já sabe como é. Freud eliminou tudo isso da conversa e do relacionamento. Excluiu a relação visual direta com o paciente. Hoje em dia não fazem mais isso, a maioria não faz, mas nos velhos tempos era bem assim: "Fique lá, nem me olhe, nem quero vê-lo. Porque, se olho, vejo, mas se você olhar você também verá". Jogo de poder primário.

Minhas repressões, portanto, estão no meu corpo, e alguém que me amasse veria um pouco da minha doença, intuitiva – e não discursivamente. Não estou dizendo que todos vão estudar psicologia, mas sim que quem se interessa muito por mim percebe muito de mim, o que tenho de rígido, de doente, de reservado, de desconfiado. Se a pessoa se deixasse levar fazendo exatamente as carícias que tem vontade, faria comigo uma terapia incrível.

Mas, quando começa uma ligação amorosa e são feitos os primeiros gestos, é grande o risco de entrar numa sequência automática de dar o abraço que você sempre dá, de fazer a cara que você sempre faz, de dizer até a frase que você sempre diz.

Aí não está acontecendo mais nada e acaba a comunicação. Se ficarmos olhando bem, tranquilamente, ou muito junto, sentindo, pode-se ver, sentir muito do outro, tudo que ele tem de carente, de deficitário. Então posso ir lá e amar o que ele tem de encolhido, de defensivo, de parado – de morto. Posso assim fazer que ele se liberte e retome seu desenvolvimento.

Quero repetir mil vezes: tudo isso pode acontecer totalmente sem palavras e sem que a pessoa saiba que está fazendo isso. Mas, no limite de um bom amor, isso pode acontecer. Às vezes acontece, às vezes não. Se deixo acontecer e/ou se vou sentindo o relacionamento, então ele mostra seu potencial criativo e transformador. Mas se entro em sequências rotineiras, bem conhecidas minhas, então nada se cria e tudo se repete.

ILUMINAÇÃO RECÍPROCA

Faltam mais características do estado amoroso: luz, iluminação. A coisa mais difícil de disfarçar é a felicidade amorosa. Se você teve um encontro que o preencheu muito e sai por aí, não queira fazer de conta que nada aconteceu porque não adianta. Só não vê quem não quer ver, como o marido, por exemplo (ou a esposa).

Luminosidade. Parece que essa ativação biológica recíproca – que é o estado amoroso – gera uma iluminação própria. Não é intensa nem muito brilhante. É uma luminosidade suave. Diz mestre Reich que ela é ligeiramente azulada... Quando se namora à meia-luz, quando estamos em um bom momento, essa luz é bem visível.

Qualquer pessoa fica bonita nessa hora aos olhos de quem está olhando, e vice-versa. Poderíamos dizer que ocorre um ciclo de iluminação recíproca. Sublinhemos: qualquer pessoa fica bonita se souber/puder dar-se ao momento de comunhão.

Perguntaram ao mestre Rajneesh o que ele achava de Deus. Disse ele: "Espero que todos vocês tenham tido alguns momentos divinos na vida. Deus é isso".

Mas o que fazemos no momento seguinte é esquecer, apagar e negar o momento divino que vivemos. Segundo a psicanálise, o amor nos faz "regredir", nos faz crianças – ideia infeliz, nascida da necessidade prática do psicanalista de negar os próprios sentimentos e desejos.

Mas crianças bobas são as que infantilizamos na nossa incompetência como educadores. Porque de boba a criança não tem nada.

A criança não é mais inteligente do que nós, mas é muito menos determinada pelas palavras, pelos preconceitos, que nos põem viseiras deformantes. A criança não pensa. A criança vê. Assim como nós, quando em estado amoroso.

ASSIM SOMOS NÓS, QUANDO EM ESTADO AMOROSO – VERDADEIRA RECONQUISTA DA INOCÊNCIA E DA VISÃO

Função primária da educação é restringir pouco a pouco essa percepção ampla e limpa até restar o medíocre, como somos quase todos, por força da educação. "Pare, menino", "Não mexa", "Não vá", "Não pergunte". "Ai, meu Deus, quanta bobagem!" Cuidamos mal da criança, que é muito mais oprimida do que a mulher, diga-se de passagem. Não desenvolvemos nem de longe esse potencial humano, e aproveitamos toda a capacidade de aprendizagem da criança para imprimir nela nossos péssimos costumes sociais, para que ela seja bem adaptada e infeliz como nós.

Então, "infantil" já era uma expressão usada para xingar as pessoas, e a psicanálise veio reforçar isso.

É fundamental separar o que é uma criança e o que é um menor infantilizado.

Temos uma noção "infantil" de criança: bonitinha, boazinha, pasmadinha e bocó. Se ela é esperta, viva, pergunta, mexe, ah!, é meio chata! "Fique boazinha, não me obrigue a rever todos os meus valores." É isso que estamos dizendo a nossos filhos: "Não me obrigue a rever todos os meus valores, com todo esse olhar limpo e todas essas perguntas que você faz. Na verdade, eu não sei responder a nada disso, eu não sei o que estou fazendo aqui; estou porque estou, porque Deus quer, nem sei como vim parar aqui e muito menos para onde vou!"

Na adolescência, que é o segundo e último período de florescimento, a mesma coisa. É o período em que as mães não são modelos de amor, são modelos de família, e é bom não confundir uma coisa com outra.

Não há pior inimiga do amor do que a mãe durante a adolescência. A mãe chora com o romance de Romeu e Julieta, Julieta que tinha 13 anos e Romeu, 14. "Imagine se pode! Minha filha é muito nova para isso", e fica de olho, e lê o diário, e vigia, e quer saber das amigas e se diz protetora do amor. Na verdade, a mãe muitas vezes é o pior fiscal antiamoroso do mundo.

Nesse segundo florescimento, tentamos controlar duramente os adolescentes para que eles fiquem bonzinhos e infelizes como nós. Aí estranhamos que eles se rebelem!

A capacidade de voltar a ser criança, ao contrário do que dizem, é a maior mágica do estado amoroso. Minha criança é o melhor de mim, é o mais vivo, o mais plástico, o que ainda pode ver as coisas de outro jeito. Então vou preservar essa criança o mais que eu puder, e, se o amor faz esse milagre, vou agradecer de joelhos o poder de me sentir criança de novo para recomeçar tudo em outra base.

É o que se espera de uma psicoterapia perfeita. Desmanche todo o adulto, que ele é a soma de condicionamentos incorporados. Volte a ser criança e comece tudo de novo.

"Se não vos fizerdes crianças de novo, não entrareis no Reino de Deus..."

AMOR, PRAZER E ALEGRIA – UMA COISA SÓ

Se você for na onda do amor, fica meio criança, ri muito, se sente feliz. Grande característica do amor: muito riso, muita brincadeira, tudo engraçado. As palavras – soltas – sofrem combinações inesperadas, nada sérias, nada comuns, e o riso vem fácil e volta mais fácil ainda. Grande marca de um bom amor: muito riso, meio bobo, se quiserem. Bobo para quem não o está sentindo; para quem o está vivendo, de bobo ele não tem nada.

É quase a própria felicidade, assim, brilhando. Ou a própria alegria – e mais nada.

O AMOR – EIS O INIMIGO

Consideremos até que ponto o amor é perseguido. Falamos muito dele – demais –, mas amamos bem pouco. Depois de meditar durante longos anos sobre todos os obstáculos e objeções que inventamos a fim de não amar, lembrando que a maior parte da psicoterapia consiste em levar as pessoas a perceber tudo que fazem para fugir do que mais desejam, consegui esclarecer o estranho fato de modo bem simples, claro e definitivo.

Vejam o patrão e a secretária, por exemplo; podia ser o médico e a enfermeira, o professor e a aluna, o terapeuta e a cliente. Fiquemos com o patrão e a secretária. Uma vez por semana vão a um motel. Está na agenda dele, está na agenda dela, está na agenda do vice-presidente, acho que está na agenda até da mulher dele, que às vezes aproveita e também vai encontrar seu namorado; é tudo tão "normal", dá tudo tão certo que todo mundo fica feliz. Enquanto é só isso – só relações sexuais –, tudo bem.

Mas no momento em que patrão e secretária começam a se envolver, o cenário muda mais do que palco de teatro moderno.

Envolvimento! Famosa – e formosa – palavrinha, transformada em maldição nas escolas de psicologia – já vamos falar a respeito. Se ele começa a se envolver com a secretária, e vice-versa, a empresa balança, o escritório balança, o lar balança, não pode, onde se viu, escândalo! Vamos ser bem claros: trepar pode, à vontade, mas amar não pode. É bem essa a conclusão, direta e simples. Vejam, por que é que não pode?

A grande e profunda conclusão é: porque na hora em que secretária e patrão começam a experimentar um clima emocional forte, não há mais patrão nem secretária. Há eu e você, um homem e uma mulher. Percebem?

O fato ameaça diretamente o coração do poder, compromete e perturba toda a ordem estabelecida – toda a pirâmide da opressão.

Professor e aluna: "Ah! Mas você vai perder toda a autoridade!" Às vezes – horror dos horrores – é o patrão e a doméstica que se encontram. Esse "horror" é um verdadeiro milagre, porque o momento do encontro mágico não sofre restrição de hora, de data, de época, de classe social, de idade, de nada. Posso me encantar com uma empregada doméstica, sim, como não? Com uma secretária, ou com quem quer que seja. Os príncipes ingleses e seus amores são um sinal dos tempos!

Aí temos, em poucas palavras, por que falamos tão bonito do amor e por que amamos tão pouco – e tão mal. Onde ele aparece, perturba todas as relações estabelecidas, cria desordem, atrapalha todas as convenções sociais, principalmente as "escalas" do poder, desfaz as posições de quem está em cima e de quem está embaixo.

Agora chegou a hora de falarmos sobre a qualidade mais bonita do bom contato.

NA HORA DO AMOR, NÃO HÁ QUEM MANDA NEM QUEM OBEDECE

Os dois parecem obedecer e muitas vezes se movem – é quase uma dança – ao som da mesma música que só eles ouvem. É bem assim: uma dança, a seguir uma música que não é a minha nem a dela. Não é a minha vontade se impondo, não é a vontade dela se impondo. Vivemos um momento divino de transcendência, durante o qual eu não sou eu e ela não é ela.

Somos um.

É a hora em que ocorrem as trocas mais fundamentais entre duas pessoas.

Faltava lembrar essa qualidade, talvez a mais surpreendente e fundamental. É a hora da conjunção dos protozoários! Paramécios – bichinhos unicelulares microscópicos – vão se dividindo em dois em ritmo cada vez mais lento. Quando estão quase exauridos, aproximam-se de outro paramécio, encostam-se, a membrana celular se desfaz, e eles trocam fragmentos de DNA. Logo refazem as membranas celulares, afastam-se e começam a se reproduzir (dividir) em ritmo acelerado. Rejuvenescidos, pois.

É a hora do renascimento e da transformação. Fazemo-nos, então, um só protoplasma, e assim trocamos influências deveras profundas, rejuvenescedoras, humanizantes.

O que foi dito até agora basta – de sobra! – para mostrar que esse momento deveria ser o mais fantasticamente admirado, apreciado, procurado e aceito pela humanidade. Na verdade, ele é o mais condenado, malfalado, escondido e proibido.

Depois disso, só podemos nos perder nas sombras, consequência inevitável de quem apaga a luz.

O QUE HÁ NO TEMPLO SAGRADO DO BUDISMO TIBETANO?

Em um livro de Lobsang Rampa se lê:

> Fiz minha iniciação como monge budista no Tibete, passei por tudo que se espera, segui os longos trâmites e as difíceis provas exigidas, e um belo dia pude entrar sozinho no templo sagrado do budismo tibetano. Após três dias de solidão e jejum, pude entrar no Santo dos Santos do mosteiro de Lhasa. Quando entrei no templo fiquei espantado, porque no lugar do altar havia um homem e uma mulher envolvidos numa relação sexual. Isso era Deus.

E depois, num movimento contrário, muito oportuno, ele acrescenta: "Muita gente vai se chocar com isso, mas vocês não sabem a impressão que sofri quando entrei em uma igreja católica e vi, como imagem de Deus, um homem crucificado".

Nossa religião é de poder, e não de amor. Nosso pai Jeová sacrificou o próprio filho, não é? É uma coisa espantosa essa, e poucos se detêm a fim de pensar nisso. No começo das coisas, uma rebelião (dos anjos) e o castigo terrível (o inferno). Depois, a condenação do conhecimento (a árvore do bem e do mal) e novo castigo terrível (expulsão do Paraíso terrestre). Depois a crucificação de Cristo (amor) a fim de aplacar o ódio divino! Seria difícil imaginar outro começo mais trágico e mais cruel para a humanidade. Ódio, prepotência, pecado, castigo... Isso é dogma da Igreja Católica, Deus matou seu filho para nos salvar.

Vivemos buscando a perfeição, a iluminação, a saída de nós mesmos, o desenvolvimento espiritual, e mal consideramos esse caminho real para a transcendência: o contato amoroso.

O AMOR INDIVIDUALIZA

Mais uma qualidade mágica do encontro amoroso é a individualização. Quando duas pessoas se olham amorosamente, saem ambas da multidão anônima. Você sai do uniforme, eu saio do uniforme. Você está sendo você, e eu estou sendo eu. Uma das poucas ocasiões da vida em que se experimenta esse encontro tipo "olhos nos olhos". Alguém me reconhece de forma profunda como eu mesmo, não como irmão, tio, oficial, médico. Atenuam-se as máscaras, desaparecem as categorias.

Lembram-se do patrão e da secretária?

Duas pessoas enamoradas têm muito prazer em se olhar longamente, a ponto de os amigos acharem que estão vendo passarinho verde. O que eles não percebem é o seguinte: pode-se até reforçar a poesia com a ciência. Os músculos do rosto são numerosos e são todos músculos expressivos, eles movem somente pele, servem apenas para fazer caretas. Vamos fazer um desenho dos músculos da face a bico de pena? Faz de conta que cada risquinho é uma fibra muscular que puxa a pele e define nossas expressões fisionômicas, como riso, choro, raiva, desconfiança etc. Se a sua expressão a cada momento é feita por dez mil puxõezinhos simultâneos – os músculos da face não têm menos que dez mil fibras, é bem pouco provável que você faça duas caras iguais na vida. Quase impossível. Dito de outro modo, ninguém tem uma só cara, ou umas poucas. A sua cara é sempre diferente, e só quem está enamorado de você percebe isso. Fica olhando para você porque a cada instante você é outro. Quando você é olhado com encantamento, o outro se encanta porque você começa a mostrar o que é, criação contínua, a cada momento outra expressão, outra expressão, outra expressão, sem fim. Tudo que varia continuamente fascina, prende o olhar como as imagens da TV. Assim é com o rosto da pessoa amada – quando estou sentindo amor. O contrário disso – sempre as mesmas caras – é o centro de uma das agressões familiares típicas: "Sempre com essa cara, não aguento mais. Vê se acha outra..." "Sempre com essa cara" é um dos tópicos favoritos da guerra doméstica. Quer dizer que a relação entre nós está morta (naquelas horas).

Encantamento é o que sentimos ao perceber até que ponto o outro é vivo e até que ponto sou – estou – vivo. Via de regra, pensamos no outro em esquemas mais do que simplórios; o pressuposto é que as caras são sempre iguais, ou muito poucas: "Ah, fulano é orgulhoso", "Não, aquela é muito desdenhosa", "Não, ele é muito desconfiado", "Aquele lá é um coitado". Damos duas ou três carimbadas verbais e achamos que definimos a pessoa, ou – horror! – que a conhecemos muito bem!

Só quando encantado com alguém você percebe o outro, e só então ele percebe você. Amor não é cego – é lúcido. Só quando amamos uma pessoa ela começa a acontecer, e só continua acontecendo enquanto for amada.

Agora, segundo nossa proposta, fico à disposição de quem quiser fazer perguntas, comentários, críticas – o que for.

Pergunta – Bom, o senhor falou que é praticamente impossível uma família ser feliz, não é? Impossível uma pessoa estar junto da família e ser feliz – ela teria de ficar afastada. Mas, se ela não está junto da própria família, estará junto de pessoas de outras famílias. Então temos de ficar sozinhos para ser felizes?

Gaiarsa – Comecemos do começo. A única família feliz que eu conheço é a dos anúncios de margarina na televisão. As outras, às vezes, têm períodos felizes, não neguei o fato. Eu disse que era muito difícil você conviver com cinco ou seis pessoas na mesma casa, entra dia, sai dia, entra mês, sai mês, entra ano, sai ano. Surgem então encrencas de toda ordem, ruins, que deixam cicatrizes feias e fundas na alma. Nem precisa ser família. Pode ser até uma pensão! Como fazer, então, para conviver e eventualmente amar as pessoas?

Nos Estados Unidos, um terço da população adulta vive sozinha. A tendência a viver sozinho é acentuadíssima em nosso mundo. Nas grandes cidades é o sonho de todo rapaz e de toda moça. Sozinho não quer dizer que nunca veja ninguém. Quer dizer que não faço parte de um grupo obrigatório. Meu grupo estável sou eu, e eu vou a grupos ou a pessoas à vontade, conforme for ocorrendo... A questão é não pretender criar laços "eternos".

Existe uma filosofia sobre essa generalização, confirmada pela neurofisiologia. A coisa mais difícil do convívio a dois, mesmo de duas pessoas que se querem muito bem, é evitar a gradual rotinização do convívio, é impedir que se torne automático. Na medida em que comportamentos vão se fazendo iguais ou muito parecidos, vamos perdendo a consciência de nós mesmos e atenuando a percepção do outro – que vai virando uma "coisa", não mais uma pessoa.

E o que tem a neurofisiologia com isso? Tudo. O cérebro é um filtro, é um seletor de estímulos diferentes, de variações, de estímulos que se iniciam ou terminam. Quando um estímulo qualquer começa a se repetir, o cérebro deixa de reagir a ele. Isto é, o cérebro deixa de perceber, de sentir. Nem podia ser de outro modo. Se fôssemos somando indefinidamente as reações a todos os estímulos, faríamos uma salada monstruosa e qualquer comportamento se tornaria impossível. Em nível psicológico, dizia Bergson: "Difícil, diante da nossa memória, não é compreender como podemos guardar tantas coisas. Difícil é compreender como é que lembramos somente o que precisamos no momento".

INCONSCIENTE QUER DIZER: "FAÇO SEM PERCEBER"

Você está vendo televisão e então lembra que na geladeira tem uma coisa boa. O que acontece? Entram os comerciais e vem à sua cabeça: "geladeira", "aquilo" (o gostoso). Você levanta como um autômato, vai até a cozinha, abre a geladeira, pega a coisa e come, quase sem saber o que fez. Você volta, senta e continua a ver televisão. É um bom exemplo: quando estou no automático, mal percebo o que estou fazendo.

Quando convivo com uma pessoa tempo demais para nós dois, ela vai desaparecendo pouco a pouco – e eu também. O cérebro só se acende diante de surpresas, ameaças ou promessas, quando você entra numa situação nova, quando é apresentado a uma pessoa ou situação que você não conhece – aí ele acende todas as luzes, toca todas as campainhas. E você se sente muito vivo.

À medida que você vai experimentando, conversando, interagindo e começa a perceber que é sempre aquilo, que é sempre igual... sabe? Em família, depois de poucos anos, quando, em certa situação, alguém abre a boca, todos os outros sabem o que ele vai dizer, e todos os outros sabem o que cada um vai dizer em resposta ao que ele disser!

Brigas de casal. Há brigas de casal que duram 20 anos, sempre no sábado, às dez da manhã. A mãe repete conselhos para o filho 50, cem vezes por dia, durante dez anos. Isso é um horror. O que se consegue com esses modos é desenvolver em todos uma casca de indiferença bem grossa. Ninguém mais percebe nada, ninguém vê ninguém, ninguém mais ouve ninguém.

Estão mortos uns para os outros – a maior parte do tempo. A tarefa mais difícil do mundo é evitar a rotinização do convívio.

O SEGREDO DA FELICIDADE – PRIMEIRA PARTE

Nesse contexto, o segredo da felicidade permanente é facílimo de dizer em palavras – e dificílimo de realizar: a cada dia surpreenda o outro, apareça de uma forma que ele não esperava, que ele não imaginava, que ele nunca viu. Se você conseguir fazer isso uma vez por dia vai conseguir ser feliz todos os dias.

Acontece também na psicoterapia, se a tomarmos como um dos modelos de relacionamento pessoal. Depois de seis meses a um ano de psicoterapia falada, você não tem mais novidades para contar ao terapeuta e ele não tem mais novidades para contar a você. A terapia virou casamento – geralmente platônico! É a hora de você dizer adeus e procurar outro, porque o outro vai ver você com novos olhos e se relacionar com você de outro jeito. Não existe o terapeuta-marido, que vai ser tudo para você até o fim da vida, compreende? Nenhum terapeuta é tão bom assim. Terapeuta também se esgota como qualquer outro ser humano, e depois de um tempo começa a se repetir, e quando já se alcançou certo nível de repetição vocês não estão fazendo nada e não está acontecendo nada.

Todo mundo ficou convencido, menos ela (aponta para uma pessoa determinada). Olha, nada impede que você faça o possível e o impossível para ser feliz com alguém, pelo amor de Deus. Faço votos que você consiga (risos).

O SEGREDO DA FELICIDADE – SEGUNDA PARTE

Mas há uma pedra no meio do caminho. Você poderia me dizer. "Mas o senhor está casadinho com ela há muitos anos, não é?" Estou. Mas nós nos vemos habitualmente duas ou três noites por semana. O resto, ela está na vida dela, eu estou na minha. Duas ou três vezes por semana a gente passa dez a doze horas juntos (e sete ou oito dormindo!). É por isso que dura. A coisa mais difícil no amor é você perceber *quando* está interessado nela e quando o interesse *começa* a cair. O interesse espontâneo é tão incerto quanto o amor, e ninguém se interessa ou ama porque deve, porque é o certo, porque é dia, porque está na hora. Encontrei você, é gostoso, lindo, beijinhos, conversa animada, olhares vivos, carinhos, risos, abraços, quem sabe um encontro sexual. Horas, depois um suspiro, viro de lado, lembro uma tarefa minha, um compromisso, um gosto meu. Nessa hora exata é melhor dizer: "Tchau! Agora você acabou para mim e eu acabei para você. Daqui a pouco – mais tarde, outro dia – a gente começa outra vez, de outro jeito, se Deus quiser".

O amor perfeito vai por esse caminho.

Mais da metade das brigas de família e de casal ocorre porque naquela hora não era para estar junto.

"Vamos nos encontrar terça, quinta e sábado, tá? Das oito às onze, OK?" Quando tem jogo do São Paulo na quinta, você acha que eu vou ligar para ela? Ela vai ficar furiosa comigo, mas que posso fazer? Ela também gosta de ver o galã na novela, e aí não liga para mim. Mas, diga-se de passagem, atividades e interesses comuns são uma das grandes coisas que aproximam as pessoas – desde que existam.

O que descrevi foram momentos, horas, às vezes dias, de encantamento amoroso, o que é outra coisa. Querer que isso dure, todo mundo quer, mas parece definitivamente impossível.

MÃE E FILHO – UNIDOS PARA SEMPRE

Pergunta – Gostaria de saber como ficaria a relação de mãe e filho, que obrigatoriamente precisam viver juntos muitos anos.

Gaiarsa – Só dicas: também a relação de mãe e filho é demais estreita e prolongada. Como uma mulher é proibida de amar assim que ela se casa, seus sentimentos se transformam em sobrecarga maléfica em relação aos filhos; a mãe começa a fazer muitas vezes mais do que o necessário.

Vou dar descrições para você perceber bem o que quero dizer. Existe a mãe automática. A que já levanta falando, fazendo e andando: "Vem cá, vai arrumar, tá na hora, cuidado, tomou seu leite?, já aprontou a lição? Espera aí, preciso avisar a empregada, preciso telefonar para fulano...." O dia inteirinho assim. Você sabe o que ela está fazendo? Ela está se impedindo de parar um minuto para saber o que está sentindo, se vale a pena, se é isso mesmo que ela quer, se ela está feliz com a vida e o casamento que tem. Ou se sofre. Muita agitação e nenhuma consciência...

É um tipo, veja bem, não quero generalizar. A mãe meio fanática, elétrica, que faz, faz, faz tudo pelos filhos – e fala, fala, fala... Essa sobrecarga do amor materno – da mulher impedida de amar a quem ama – é uma das tragédias da vida. Tragédia – surda – para ela e para os filhos também, que ficam marcados para o resto da vida.

Qual é a solução? Que os membros da família se afastem logo que possível e o mais possível. Vou dar exemplos. Uma mulher bioenergeticista de profissão, em um artigo lindo, nos diz: "Nos dois ou três primeiros dias após o nascimento do meu filho, descobri duas reações bem perturbadoras para mim. A primeira foi que eu sentia muito mais necessidade de dar de mamar do que ele de mamar. A segunda: descobri que durante as 17 horas (diárias!) em que ele dormia eu não tinha utilidade nenhuma – ele não precisava de mim, de ninguém, de nada. Ele se bastava".

Um recém-nascido, se for saudável, bem tratado, nem de longe dará esse trabalhão fantástico, tão falado pelas mães. As coisas podem ser simples e bonitas se a mãe – movida pela ansiedade – não ficar imaginando e inventando coisas por não ter nada mais com que se preocupar, como lhe é dito e repetido milhares de vezes, desde que ela nasceu. A criança dormiu? Vá ao cinema, veja televisão, ligue para um amigo, cuide dos afazeres, dos outros filhos, ouça música, leia, faça um curso. Esta é a mensagem: espaireça, diversifique seus interesses, não se concentre na família – isso é péssimo (contra tudo que ouvimos desde que somos gente).

ÓRFÃO – AZAR OU SORTE?

Mais um exemplo. Em um episódio do *Globo Repórter,* mostraram um problema importante, os menores carentes, mas a voz do narrador vinha com um: "Coitadinho dele! Ah! Vamos salvar a humanidade. Oh! Meu Deus, veja como ele é obrigado a trabalhar". Inúmeras crianças de 6 a 7 anos têm uma atividade igual à de um adulto. Em lares mais pobres, uma menina de 7 anos limpa e arruma a casa, cozinha, lava roupa, cuida dos irmãos. Sete anos! Para nós, classe média, nossos filhos são considerados adultos aos 21 anos, e ao longo desse tempo enorme (três vezes sete!) fazemos por eles uma infinidade de coisas que era melhor não fazer. A solução é deixar. Quer sair? Sai. Tem amigo? Vai. Alguém no prédio gosta do seu garoto? Deixe-o ir lá. Pelo amor de Deus, deixe-o brincar com outras crianças, ficar longe, ficar uma semana se quiser – e se ele concordar.

Queremos ir ao cinema. Bem, quem é que vai cuidar desse garoto (4 anos!)? Será que fulano – que é amigo – vai cuidar? Nossa, mas esse garoto é fogo! Telefone: "Você cuida?", "Cuido, traz aqui". Você deixa o garoto lá e vai para o cinema com dúvidas... O que será que ele vai aprontar? Todo mundo sabe a resposta. Quando você chega, os amigos dizem: "Fantástico, o seu garoto. Ele é ótimo, conversa, faz tudo, não pede nada". Basta você chegar em casa e ele começa: "Manhêêê! Quero isso, não vou dormir, quero, quero, quero..." Você fica irritada e ele se aborrece. É preciso aprender que em muitas circunstâncias a mãe é a pior das companhias, ou exigente demais ou complacente demais. Então vai, vai aonde você quiser, e eu fico, ou vou para outro lado. Depois, quando nos encontrarmos – os dois satisfeitos –, será ótimo!

Pergunta – Dr. Gaiarsa, falando do desentendimento dos casais: para harmonizar o casal, não seria ideal a prática do amor tântrico, capaz de gerar uma intimidade maior, de fazer cair as máscaras e favorecer um maior crescimento criativo? O que é que o senhor acha?

Gaiarsa – Para *quem consegue* fazer isso, digo que é a solução ideal. Embora, veja bem, mesmo que um casal avançasse por esse caminho, de ampliar e aprofundar o relacionamento a dois, não sei se eles se sentiriam bem convivendo todos os dias. Penso até no contrário: quanto melhor você consegue se juntar com ela em certas horas, mais fácil, depois, conseguir – e preferir – ficar sozinho. Temos aqui um daqueles paradoxos esotéricos: quanto mais profunda a fusão, mais se amplia e se consolida a individualidade.

QUANTO MAIS PROFUNDA A FUSÃO, MAIS SE AMPLIA E SE CONSOLIDA A INDIVIDUALIDADE

O amor bem acompanhado vai fazendo isso em pulsações: em uma hora funde; na outra, separa. Cada vez que separa, sente-se cada um mais firme, mais rico, mais bonito. Então eu diria que mesmo um bom amor tântrico, levado às últimas consequências, gera duas individualidades bem distintas, muito claras, sobre o que querem e o que não querem, sobre aquilo de que gostam e aquilo de que não gostam.

Pergunta – Na família, o senhor acha que os filhos competem, em matéria de atenção, com o homem, na relação marido/mulher?

Gaiarsa – Quase sempre, não é? É uma das grandes dificuldades do convívio familiar. A rivalidade no amor, a rivalidade na atenção. E, o pior, essa história é famosa, principalmente com o primeiro filho. Ele é muito absorvente para a mulher, e ela não é preparada nem apoiada nessa difícil tarefa. De repente você tem no colo um negocinho que chora. É uma tremenda experiência, que deveria ter em volta uma montanha de gente apoiando. Você sabe que é quase o contrário: "Não, a mãe é que cuida", "Ela é que sabe", "Ela é que faz". Então, sobretudo depois do primeiro filho, a mulher quase não tem disposição ou tempo para dar atenção ao marido.

Quero mostrar como é intensa a rivalidade em família, por força de uma mentira-padrão; se a família fosse menos mentirosa, seria menos rivalizadora. Vou esclarecer com a frase clássica da mamãe clássica: "Amo todos os meus filhos por igual". Implicitamente, ela está afirmando não só que ama todos os filhos por igual, mas também que ama todos 24 horas por dia, a vida inteira. Esse amor não existe em nenhum lugar do universo. Talvez Deus ame assim – e só Ele!

A mãe ama às vezes, às vezes não ama, às vezes tem raiva, às vezes odeia, às vezes tem medo. Ela tem preferências claríssimas – e nega –, e os sentimentos ficam todos embaralhados e confusos. Adoraria dizer para essa mãe: "Me leve para sua casa; garanto que em 15 minutos eu digo quem é seu favorito, quem é seu perseguido. Só você não sabe disso".

E como esse preconceito influi na competição amorosa em família? Só pode ser "igual", "maior" ou "menor" algo da mesma qualidade. Por exemplo, dinheiro, tempo de atenção, roupas, tênis, brinquedos. Mas não pode haver competição entre minha apreciação de música, meu gosto por feijoada ou minha paixão por livros de figuras... Logo, se os pais se derem conta das *diferenças na qualidade dos sentimentos amorosos* por esse ou por aquele filho, qualquer competição fica sem sentido.

É impossível dar o mesmo amor a duas pessoas diferentes.

Exemplo forte: diante de um filho meu, sentia medo, porque ele era bem mais decidido, mais agressivo e menos escrupuloso do que eu.

Quando ele tinha 12 anos, eu disse: "Olhe, não me entendo com você. Vamos ver se ficamos um para lá e outro para cá" – primeiro dado. Segundo dado: "Olhe, você tem vários amigos, famílias que gostam de você. Vá mais com eles. Vá com quem aprecia você".

Digamos que eu não fizesse nada disso e continuasse meio engasgado com o garoto. Facilmente começaria a persegui-lo, a cometer injustiças, a criticá-lo e depreciá-lo. Ou poderia fazer o contrário: há mães que, quando se dão conta – vagamente – de que não gostam muito de um filho, redobram as atenções em relação a ele. Este é um caso famoso em psiquiatria: a mãe solícita que se desdobra em cuidados a fim de "provar" a si mesma e aos outros o "amor" que tem pelo filho que despreza, odeia, teme ou apenas não ama. Se houver outro filho, pode acontecer de ele ser posto meio de lado – mesmo que seja amado pela mãe. Vejam quanta rivalidade insolúvel em razão de todas essas mentiras preconceituosas sobre nossos sentimentos! Mas o maior e mais pernicioso de todos os preconceitos ligados à família e ao amor é este: ao casarmos, somos proibidos de amar – para sempre! – qualquer pessoa que não seja da família!

A MÃE DESISTE DE SER MULHER

Oficialmente é assim.

Grande número de mulheres, entre 30 e 40 anos, desiste de amar e fica uma senhora – ou uma matrona! O corpo "desce", reduz suas curvas femininas, a pessoa perde os meneios sedutores e faz até muito para não parecer atraente, não se cuida muito, usa roupas meio apagadas.

É muito difícil ser mulher no nosso mundo. Antigamente, há 40 anos, era bem mais, hoje é um pouco mais fácil.

Às vezes, de brincadeira e com a grosseria do meu moleque, digo a você assim: "Vem comigo. Vamos dar uma voltinha por aí. Eu mostro a você quais mulheres ainda têm xoxota e as que não têm mais".

Sabemos que para o homem é quase o contrário: se ele é ou tem fama de garanhão, desperta inveja nos amigos; se a mulher for muito viva, é galinha ou piranha.

Por tudo isso e muito mais, um grande número de mulheres, no fundo, desiste de amar, o que é terrível para os filhos.

Qual é o nosso padrão de mãe? Veja você, a mãe precisa sofrer muito, tem de se dedicar inteira aos filhos e mais nada; mãe tem de sentir todas as preocupações do mundo em relação ao que poderia acontecer de mal com os filhos. Mãe é uma infeliz. Ela tem a obrigação de ser infeliz. De viver com medo e preocupada.

E nós achamos que ela é uma grande mãe; e se a vizinha vai passear e larga o filho em casa todo mundo diz que ela é mãe desnaturada.

Em um livro sobre educação familiar, na primeira página deveria estar escrito com letras grandes: a primeira obrigação da mãe é ser feliz.

A PRIMEIRA OBRIGAÇÃO DA MÃE É SER FELIZ

Mas, como não se pode exigir nem obrigar ninguém a ser feliz, eu escreveria logo embaixo: se você não consegue ser feliz, lute a vida inteira para ser e faça tudo que for preciso. Aí você será uma mãe maravilhosa, com seu exemplo luminoso de vida. E você – ou a senhora! –, essa mãe que se preocupa o dia todo, você é uma carga brutal para você mesma e para seus filhos! Estamos tão tomados pelos preconceitos sobre família que as pessoas não veem as coisas mais evidentes do mundo.

Mais um desses preconceitos cuja fórmula verbal beira a imbecilidade, ou a mais psicótica negação da realidade: "Mãe está sempre certa". Portanto, filho está sempre errado. Ser filho – ou ser criança – é ser errado!

Mas vamos lá, a sério: quem é que está sempre certo e quem é que está sempre errado?

E isso fica muito fundo na criança – na criança que está no fundo de todos nós. Uma notícia feia, recebida não faz muito tempo, de duas fontes: muita criança que adoece, que vai para o hospital, acha que merece, que a culpa é dela. Está doente porque foi um mau menino. Essa ideia está espalhada em todos os lares: quem sabe tudo é o pai e a mãe; criança não sabe nada, não pode nada, não tem nada, é um banana, é um bobo, sei mais o quê. A criança é uma gracinha e mais nada.

Uma total desconsideração pela criança, não só nos lares pobres como também nos ricos e nos remediados.

Pergunta – O senhor falou no amor como força de transcendência?

Gaiarsa – Sim.

Pergunta – Sabemos que é muito raro acontecer esse amor entre duas pessoas. A própria busca pode prejudicar o encontro. Quero saber como praticar mais isso, sem essa preocupação de que haja o êxtase, a plenitude, sem me apegar a essas expectativas.

Gaiarsa – A solução é viver de olhos e coração abertos. E aí, ao contrário do que você disse, acho que a gente tem quase diariamente chamados amorosos. Mas na maioria das vezes nós não respondemos a eles. Se começar a responder a todos os chamados amorosos, você ganhará má fama e ficará entre vários conflitos. Você mesmo se criticará. Então passa a evitar as oportunidades que poderiam levar a momentos de felicidade amorosa.

Os momentos são muito diversos. Às vezes, você chega perto e não é o que você pensava. Boa-noite, tchau, não é? Não estou dizendo que todas as possibilidades amorosas são divinas, mas sei que nossa potencialidade amorosa é muito maior do que costumamos dizer. Em um grupo de dez pessoas, homens e mulheres, é difícil não haver uma dupla interessada um no outro, que simpatize na hora, que se puder ir avante, chegar mais perto, conversar, poderá ir entrando em estado amoroso.

QUEREMOS MUITO E TEMEMOS MUITO AS LIGAÇÕES AFETIVAS. PRIMEIRO, PELA CRÍTICA SOCIAL. "CERTO" É UM NAMORADO POR VEZ (UM "SENHOR MARIDO") – E DEVAGAR!

Depois, quando gostamos de alguém, essa pessoa tem muito poder sobre nós. Enfim, cultivar o amor é a mais difícil das artes. Entre outras coisas, as mulheres dizem que os homens não gostam de se comprometer. Isso não é só dos homens. Quando você aceita um encontro amoroso e ele começa a se prolongar, você deseja encontrar a mesma pessoa muitas vezes e, se ficar bom durante um tempo, começa a ter de mudar de vida, e ele também. Não quero dizer casamento, não, não é isso que eu quero dizer, mas os dois vão mudar de posição e de ideia perante a vida.

Aí a gente corta e diz: "Tchau! Estou bem como estou, estou bem com a minha infelicidade costumeira. Não estou a fim de arrumar encrenca e atrapalhar minha vida". E é exatamente isso que acontece, é bom que se diga.

Então não é que não haja encontros amorosos. É que nós nos negamos à maioria deles, porque eles trazem numerosas complicações – isto é, propõem numerosas mudanças.

Para ser feliz é preciso ter cara e coragem. E uma boa dose de sem-vergonhice (risos). Nada se opõe mais ao amor – potencial de desenvolvimento – do que a respeitabilidade. Porque, como vimos, o amor nos torna crianças e criança não sabe o que é respeitabilidade.

O MAIS DIFÍCIL DO AMOR

Pergunta – Na parte do amor, o segredo é estar em frente ao outro, presente, que é o mais difícil. Comumente as pessoas, quando estão diante do outro e querem travar um relacionamento, estão no passado ou no futuro, fazendo projeções. E nunca estão presentes de coração aberto. Esse é o segredo. Se você fizer assim, você estará sempre amando. E a felicidade estará sempre com você, em qualquer momento.

Gaiarsa – Olhe, isso está muito perto da iluminação. Isso é fruto de uma longa vida muito bem amada e muito bem vivida. Acho sua descrição perfeita, mas ela só pode nascer de uma vida inteira de empenho. Não acontece de repente, nem por acaso.

Pergunta – Há outros detalhes. No momento em que você estiver diante de um rapaz, se estiver presente e abrir seu coração e ele também, vocês vão entrar num mundo de medos. E o primeiro medo em que você vai entrar é o da perda que ativa o desejo de posse (o que é meu eu não perco). E o medo vai gerar em você o querer dominar o outro ou o outro querer dominar você. A partir daí, o amor vai embora. A energia vai embora totalmente e entramos nos jogos de poder. Por isso o senhor falou que é empenho de uma vida toda. É preciso praticar bastante. Uma pergunta: quando o senhor falou sobre a mãe, que ela cria aquele coitadinho, aquele filho e tudo; isso não é só porque a família desenvolveu nela o arquétipo da mártir, não há também uma influência da religião?

Gaiarsa – Olha, penso que o próprio arquétipo da mártir se formou porque a mulher foi muito maltratada no passado. Ostensiva, concreta e permanentemente maltratada, escravizada, abusada. Vítima mesmo. Mártir mesmo. Por isso vejo o movimento feminista como a revolução mais importante na história da humanidade. Mais importante do que a Revolução Industrial, mais do que a revolução agrícola, a atômica, a eletrônica são as mulheres começando a querer alguma coisa. Em frente, minha gente! A próxima conquista de vocês é a liberdade de amar a quem se ama, quando se ama, onde se ama – sem com isso perder a dignidade nem o respeito por si mesmas – nem o respeito dos outros!

Pergunta – Estou lendo seu livro *Minha querida mamãe*, e acho muito importante a sua análise sobre o papel da mulher. Mas esse centramento sobre a mulher me faz questionar também a necessidade da mesma reflexão sobre o papel do homem, já que tanto a mulher tradicional quanto o homem tradicional fazem parte da sociedade, da relação de poder, hierarquia, individualismo cristão, enfim... Gostaria de saber sua opinião sobre o papel masculino.

Gaiarsa – Gostaria de dizer mais, mas não tenho muito a dizer. Não gosto muito dos homens. Não gosto muito de ser homem. Acho os homens meio crus, meio primários, meio moleques, meio irresponsáveis. Acho que as mães têm muito que ver com isso. Elas se apaixonam pelos filhos, mostram uma tolerância absurda com os garotos, depois também sentem medo quando eles ficam maiores, molecões, ameaçadores. Quando eram pequenos, tinham amor concentrado – como dissemos antes –, meio secreto, meio incestuoso e não reconhecido. Esse amor as torna muito tolerantes – "escravizadas" – com os filhos homens em particular.

Talvez seja o sonho mais profundo de toda mãe fazer de seu filho o namorado que ela sempre desejou – e de que precisou! Além disso, quanto mais ligada ao filho, menos a mãe é responsável por si mesma. O ganho da obediência às expectativas coletivas é a irresponsabilidade pessoal. Só ele interessa, eu (a mãe) não.

Ainda sobre os homens: pouco sei deles, poucos vêm às minhas conferências – e esse é um dos meus desesperos. É um índice social. Às vezes faço palestras sobre sexualidade diante de 95% de mulheres e 5% de homens. Só posso falar de masturbação – de que adianta falar de outra coisa? Outras vezes é sobre família, vida a dois, educação emocional etc. De novo, não seria muito melhor falar com mulheres e homens? Acho que eles estão meio assustados com as mulheres, e sua incerteza sexual aumenta à medida que elas ousam mais. Olhe, não sei ir além do conselho que inventei, o da doméstica. Se você quiser achar o homem ideal, experimente vários, escolha o menos pior e eduque-o. A regra até que ajuda a resolver o problema individual, mas é claro que em nada altera o problema coletivo.

OS HOMENS "DEVIAM" – TANTO

Claro que o homem deveria começar a existir, claro. Mas há tempos tento eliminar a palavra "dever" do meu vocabulário. Por isso fico sem resposta, muitas vezes. É muito fácil sair para o devia, "Não, os homens deviam" – mas isso fica na queixa e no desabafo, e nada transforma. Usamos a palavra "devia" para negar nossa impotência e incompetência. Quando não sei o que fazer, concluo que alguém devia, que eu devia, ou que a culpa é dele – ou minha. Prefiro não entrar nesse caminho e continuar perplexo. Acho os homens um problema difícil. Seria muito bom se eles tomassem jeito, criassem juízo, fossem mais fiéis a seus sentimentos, chegassem mais perto, aprendessem a amar um pouco melhor – até aí eu estou com você. Eles são muito absorvidos pela profissão, pelo trabalho, pela insegurança, pela rivalidade etc.

Pergunta – O que eu gostaria de perguntar talvez não seja uma pergunta, mas uma afirmação. Se a mãe fugir a esse padrão de ser muito maternal, vamos dizer, ter tanto cuidado com os filhos, o senhor não acha que a sociedade recriminaria isso e a própria família também? Então o senhor não acha que é por isso que muitas mulheres se acomodam com esse padrão cruel, vamos dizer assim? De ser uma mãezona, de ser uma ótima esposa. Do meu ponto de vista acho isso meio ridículo, porque eu não sou esse padrão. E sou muito recriminada, às vezes sofro, sinceramente, porque eu acho que estou fugindo da ordem natural das coisas.

A SOLUÇÃO ESTÁ EM CRIAR UMA NOVA ORDEM

Gaiarsa – Não, você não está fugindo da ordem natural das coisas. Você está criando uma nova ordem. Se amadurecer esta convicção – de que você é agente de uma transformação social necessária –, você vai encontrar muito apoio e muita força íntima no que faz. "Não estou me rebelando contra os outros, não estou me achando melhor que todos. Não estou fazendo bobagem. Estou tentando realizar uma convicção minha que me parece melhor do que fizeram comigo. Gostaria muito que meu proceder se fizesse de todos."

Estou me pondo no seu papel e falando, não é? Sua fala, aliás, encaminha um problema de psicoterapia que diz a mesma coisa. Diz assim: "Mas, Gaiarsa, se você consegue deixar um camarada um pouco mais solto, ele não vai arrumar um monte de encrencas?" Vai. Em linha reta.

Comecei a me aceitar melhor como "neurótico" quando percebi que eu era revolucionário; que cada um é uma revolução. Ensinei muitas pessoas a dizer: "Eu não sou um neurótico que ficou mais livre. Eu sou um agente de transformação social. Eu sou uma nova humanidade".

Acho que as mães poderiam dizer isso até com mais razão do que eu. E aí você vai encontrar, dentro de você mesma, força contra essas fofocas ridículas do rebanho, dos que não pensam nada, vitrolas falantes que vivem morrendo de medo. São vitrolas que falam sem parar a fim de não saber o que estão sentindo.

Conselho que dou às jovens: quando mamãe começa a fazer discursos e sermões sobre namoro, cuidado, reputação, pense bem, vá só até certo ponto, olhe lá... Conselho: deixe a mamãe falar um pouco. Depois, olhe bem para ela, olhos nos olhos, bem de frente, e diga: "A senhora está feliz desse jeito que a senhora diz ser certo e bom? A senhora viveu assim? Quanto lhe custou? Valeu a pena?"

Faça a pessoa cair em si, porque na verdade são vitrolas repetindo frases feitas.

Vou citar dois dados arrasadores sobre as santas mães. Estão em um livro maravilhoso chamado *Amor, medicina e milagres*, do oncologista Bernie S. Siegel. Ele dá a seguinte estatística: metade dos cânceres, nos Estados Unidos, são de mulheres casadas. E, se você comparar as mulheres casadas que ficam em casa com as mulheres que saem para trabalhar, as que ficam em casa têm três vezes mais câncer do que as que trabalham fora.

A FAMÍLIA É O MAIOR ESTRESSE DA VIDA PORQUE VOCÊ NÃO PODE IR EMBORA NUNCA E TEM DE VOLTAR SEMPRE

Às vezes você está curtindo um lugar, interessado, sentindo coisas boas. E logo surge uma vozinha (da mamãe, certamente) dizendo "Preciso voltar, está na hora!"

Quanta gente eu conheço que nunca chega em casa às sete da noite para não encontrar ninguém. Chega às onze horas, meio bêbado, para não defrontar com aquelas eternas encrencas sempre iguais, que são o desespero da família: "Olha o que este menino fez outra vez!", "Quantas vezes preciso dizer?" E você ainda espera que ele obedeça? O horror da família é a repetição inútil, frases que não resolvem nada e todo mundo repete, repete, porque devia, porque devia, porque devia...

Então, voltando à sua afirmação, você é uma mulher que pode dar graças a Deus por ter escapado dessa normopatia coletiva. Busque em você, correndo o risco de ser mal compreendida, um bom movimento de compaixão pelas santas mães de família que continuam escravas frustradas e carentes – e dizendo-se felizes.

Pergunta – É, dr. Gaiarsa, uma pergunta me ocorre aqui: o senhor prega explicitamente a dissolução da sociedade?

Gaiarsa – Dessa sociedade, sim, com toda convicção. São Tomás de Aquino, o maior dos filósofos católicos, disse: "Se o governo (a sociedade) é injusto, rebelar-se é um dever. Injusto é o governo quando não cuida do bem comum (o bem de todos).

QUAL DAS DUAS É PIOR?

Pergunta – O senhor citou um exemplo dos Estados Unidos – muita gente vivendo sozinha. Cada um por si, são coisas que a gente ouve. Vale também para as sociedades do Primeiro Mundo, porque a europeia também é igual. Desde pequenas, as pessoas vão sendo empurradas para fora de casa. O nível de felicidade nessas sociedades é algo que a gente sempre ouve dizer e não é superior ao nosso, que conta com a família tradicional, com avô e avó em casa, mas de qualquer modo sempre temos a sensação de que a maneira de viver na nossa sociedade é mais calorosa, é mais saudável, não é? Mas lá o que a gente percebe é que cada vez é maior a angústia, o sofrimento, o nível de doenças; então, a sua afirmação me deixou um pouco confusa. O senhor poderia esclarecer um pouco? Porque eu acho que a nossa sociedade, mesmo com esse sistema, muito embora eu não seja fanática pela família, é...

Gaiarsa – É menos ruim.

Pergunta – É menos ruim, exatamente, é menos ruim.

Gaiarsa – Você esbarrou num dado fundamental a meu ver. Você falou de avô, tio e tal. Se a nossa família, hoje, brasileira, como meio século atrás, se cada família tivesse quatro, cinco, seis filhos e morasse num bairro com parentes próximos, formasse uma espécie de tribo, acredito que seria ótimo. Minha crítica maior é contra a família nuclear, pai e mãe, um ou dois filhos, vivendo num apartamento. É impossível educar bem uma criança nessas condições. Se há várias pessoas, a história pode ser bem diferente. Se a criança tem a oportunidade de dizer: "Vou pra casa da titia", "Vou pra casa do vovô", "Vou pra casa do primo", maravilha, maravilha, é o melhor da velha família – a diversidade, um maior número de laços e interesses afetivos. Na velha – e grande – família patriarcal, você tinha liberdade de escolher companhia, não era obrigado a aguentar a mãe dez horas por dia, nem ela aguentar você dez horas por dia; você ficava três com o primo, duas com a vovó, uma com o titio, beleza, seria muito bom se pudéssemos recompor isso. Não sei se vamos conseguir – pelo jeito, não. Nos Estados Unidos e na Europa há outra coisa para piorar muito a situação; então eu concordo com a diferença que você apontou entre nossa família tradicional e a deles. Tanto nos Estados Unidos quanto na Europa, o tratamento dado às crianças é muito ruim. Disciplina rígida desde poucos meses de idade, disciplina para criar homens de poder, e não de amor. Homens duros, implacáveis, inflexíveis, que foram martelados e amassados desde muito pequenos e ficaram, sob muitos aspectos, automatizados, cegos e insensíveis, sem nenhuma vontade genuína.

CACHORRO É MAIS IMPORTANTE DO QUE CRIANÇA

Em muitos restaurantes europeus, se você for com um cachorro, levam-no para o canil, dão comidinha especial. E é proibido entrar criança; muitas pessoas me disseram isso. E não precisa ir lá. Você vê nos filmes o modo de as pessoas se tratarem, percebe quanto são duras, frias, poderosas, ou quebradas, amassadas, entortadas. Talvez vejamos até mais do que se estivéssemos lá, é mais típico. É muito ruim o modo como eles tratam as crianças. É uma disciplina implacável. Criança não tem direito à existência até que começa a parecer gente grande, quando começa a ficar tão chata quanto os adultos, aí começa a ter direitos. É a educação para o poder e o domínio, para o controle e a opressão – ou a submissão! Controle-se e controle. E ficamos todos nos policiando para que ninguém faça o que todos gostariam de fazer: amar, cantar, rir, dançar...

Enfim, minha amiga, não sei dizer quem é mais feliz ou infeliz – se nós ou eles.

Depois que você fica 10 a 20 anos no lar, convivendo estreitamente com os quatro ou cinco membros da família nuclear, cada um dos cinco se grava a fogo nos outros. Depois disso, você só vai poder se relacionar com pessoas que se pareçam com eles, senão você não consegue entrar em contato. Este é mais um dos males da família pequena. É muito restrita à abertura para os outros. Você só vai fazer transferência, compreende? Vai namorar sua irmã, sua mãe ou seu pai. Porque com eles você já está extensa e profundamente ligada – bem ou mal, tanto faz. Ir tirando a família de dentro é ir tirando pedaços de você, ficando tantas vezes vazio ou perdido. Falar é fácil, fazer é outra história.

E mais: por que você pensa que há tanta psicoterapia no mundo?

Aparentemente é para reacertar a família, mas a contracorrente de fundo é, ao contrário, para dissolver a família.

Essa família que conhecemos não é boa, vamos dizer assim. Então, qual seria a outra?

Algum cuidado com crianças nós haveremos de ter por toda a eternidade, porque nascem crianças e temos de fazer alguma coisa com elas, ou conviver de algum modo. Mas a família nuclear na certa não é a melhor solução.

Alternativa socializante: em Israel, o *kibutz*, onde as crianças convivem o dia todo entre si e acompanham os pais só à noite. Não tenho detalhes, mas parece que lá também as coisas não são muito boas. Parece que crianças criadas muito juntas têm dificuldade de estabelecer elos pessoais, permanecendo muito coletivas, se se pode dizer assim, muito pouco eu e você.

3
LIDANDO COM OS PRECONCEITOS

Vamos pormenorizar um fato sobre o qual já aludimos: a conjunção dos protozoários. O processo foi estudado principalmente em um bichinho chamado paramécio, mas depois os estudos se multiplicaram e o fato se mostrou comum a um grande número de espécies de micro-organismos – até em bactérias. Talvez seja universal nos seres unicelulares. O paramécio é uma célula em forma de fuso, invisível a olho nu, mas apesar disso é um organismo bem complexo.

O que acontece com esse bichinho? Se você isola um deles (com certa técnica, é possível), nota que ele se multiplica – dividindo-se ao meio! – a cada 20, 25 minutos. Mas, à medida que o tempo passa, o intervalo entre as divisões começa a aumentar, chegando a uma gradual – e letal – "degeneração" da espécie, porque o DNA sofre alterações "espontâneas" que vão se multiplicando inúmeras vezes (a cada meia hora!). O somatório das micromutações sucessivas torna aquele genoma inviável, a ponto de o bichinho não se reproduzir mais. Quando o protozoário está se multiplicando muito devagar, ele se aproxima de outro, encosta, as membranas celulares se fundem e eles trocam substância nuclear (DNA). Depois refazem as membranas, separam-se e saem os dois rejuvenescidos, dividindo-se de meia em meia hora! Ao contrário do que se acreditava, também os unicelulares podem "morrer" – pelo acúmulo de mutações negativas.

A "defesa" contra a morte não está em mim – talvez esteja em "nós".

A INDIVIDUALIDADE ISOLADA TENDE A DEGENERAR. SÓ O AMOR REGENERA A VIDA!

A primeira vez que li sobre esse fato, em 1937, uma campainha tocou em mim. Eu não sabia bem o que era, mas já fazia parte desse conjunto de ideias que estou tentando transmitir aqui. Quando soube do fato, a explicação era desconhecida – o que lhe dava um reforço mágico.

Outras experiências científicas curiosas falam linguagem semelhante e, na verdade, fazem parte – espero! – da experiência de todos nós. Vamos ver.

Em primeiro lugar, com outros animais. Já foi feita a experiência, que eu saiba, com cães e macacos. Se você tem um casal de macacos de laboratório que está junto há muito tempo, ele mostra pouca mobilidade e curiosidade, e nenhum parece muito interessado no outro. O relacionamento sexual é pouco frequente e pouco animado. Basta trocar um deles de jaula para que aquele meio parado ganhe a mobilidade de um animal jovem, a inquietude, a curiosidade; eles entram em relação direta um com o outro e mostram uma atividade sexual intensificada. O dado mais impressionante para mim *é que a taxa dos hormônios sexuais no sangue* desses bichos, que estava baixa, *sobe*, mesmo quando os animais são velhos!

Qual é a nossa experiência paralela? Lá vai outra bomba atômica. Hoje de manhã já largamos algumas, o campo já está todo minado – aviso aos navegantes!

A bomba atômica – todos sabem – é esta: quando começa um novo amor, me reanimo, ou começo a viver de novo – quem não sabe disso? O amor reanima, vivifica, nos faz retornar à vida. Pessoas cuja monotonia de vida as tornou indiferentes, cascudas, entediadas, vivendo num automático contínuo, mal percebendo o que acontece, quando encontram alguém e se enamoram, parecem até aqueles dois bichinhos que se juntam, trocam qualidades e os dois saem do encontro rejuvenescidos – ou renascidos.

Quero dizer claramente algo bem heterodoxo – até indecente aos olhos de um conservador ferrenho. Estou me referindo a relações sexuais extraconjugais, desde sempre amaldiçoadas e xingadas de nomes como traição, adultério e outros mais.

Essa ocorrência – frequentíssima! – é muito malfalada pelas pessoas em público, e aqui também tenho recordações dolorosas, mas estou certo de que posso reparti-las com vocês. Lembro alguns dos melhores momentos da minha vida, as horas de encantamento amoroso, de estar com alguém esquecendo da vida – do jeito que falamos, tudo muito bom e muito bonito. Mas, quando o encontro termina, experimento restrições seriíssimas: não posso dizer a ninguém o que estou sentindo, quando gostaria de poder mostrar ao mundo minha alegria e minha felicidade. O cinema às vezes explora esta cena: o enamorado que sai cantando, dançando, dando voltas no poste, colhendo flores no jardim, falando com os passarinhos. É realmente essa a nossa vontade, e não é bobagem nenhuma; bobagem é a múmia viver suas rotinas encadeadas, sempre nos mesmos circuitos, o dia inteiro girando pelos mesmos lugares, fazendo eternamente suas obrigações e mais nada. Essa é uma múmia; o "bobo" está vivo, esse sem-vergonha, esse descarado está vivo, graças a Deus! O outro está meio morto e morrendo a cada dia.

Estimo que dois terços dos matrimônios, depois de alguns anos de convívio, geram situações penosas, entediantes, algumas bem feias, é bom que se diga.

NÃO CONHEÇO NENHUM SENTIMENTO PIOR DO QUE O RANCOR MATRIMONIAL

Quando um casal começa a sentir ódio recíproco, infecta o ar do quarteirão. É uma coisa espantosa. Certa ocasião, há muitos anos, atendi um casal nesse estado. Entraram no consultório sem olhar para mim, já se xingando, e continuaram com pesadas acusações recíprocas e sem permitir a entrada de outra pessoa. Fiquei esperando que ao menos olhassem para mim, mas o clima tão odioso não se dissipava. Então foi a minha vez: "Fora, nenhuma obrigação profissional do mundo pode exigir que eu morra envenenado no desempenho da minha tarefa. Fora! Não aguento isso". Fiz – energicamente! – que saíssem do consultório. Esse era um caso extremo, pode-se imaginar. Era impossível ficar perto dos dois – nem eles percebiam o que quer que fosse, a não ser seu ódio assassino recíproco.

Em termos mais amenos, vocês também conhecem essa situação. Vocês vão a um jantar com a mulher, num dia meio azedo, e estragam a noite dos amigos; ou vão jantar na casa de amigos e eles, meio atravessados, estragam a noite de todos. Dificilmente conseguimos disfarçar esses maus sentimentos de modo convincente. Caso tão grave não é comum, mas certa indiferença, muito de rotina, até beijinho e abraço, quando tem, é tudo meio automático. As falas são todas já sabidas entre os dois, às vezes tem até uma certa gentileza entre os dois, mas é uma relação com muito pouca vida e um interesse bem limitado de um pelo outro.

Digo que nessas circunstâncias o terceiro – o pecado! – pode ser a salvação, ou ao menos uma injeção de vida em quem está moribundo.

É bom dizer que essas coisas não são aceitas nem aprovadas publicamente, embora sejam feitas por quase todos. O problema não consiste em saber se alguém faz ou não faz, o problema é se é descoberto ou não, ou se você fala ou não, porque um casinho, de cada dez pessoas, oito têm, mas em público são todos santos. "Eu? Imagine! Nunca na minha vida pensei uma coisa dessa."

É uma mentira deslavada, mas, como todos dizem a mesma mentira, então estamos de acordo. Você garante a minha e eu garanto a sua, somos todos honestíssimos, o outro – o que foi apanhado –, esse é que não presta.

Veja, quando um casamento entra nesse caminho da indiferença, de pouca ou nenhuma percepção do outro, o que fazer? Quanto ao marido, ou ele é muito obcecado pelo trabalho ou muito humilhado por ele. Obcecado quando começa a melhorar economicamente, humilhado quando fracassa ou estaciona. O principal do homem não é a mulher, são os colegas, a profissão, o trabalho, a projeção social, o poder. A mulher está muito predisposta a se deixar reprimir e, como comentamos antes, é grande o número de mulheres que dos 30 e poucos anos em diante desiste de amar – e de viver.

Diante dos meus conselhos imoralistas, alguns dizem: "Não, meu filho, você não pode dizer essas coisas, afinal você vive em uma sociedade, você tem de obedecer aos costumes dessa sociedade".

Respondo, então: "Olhe, em princípio eu concordo, a menos que a sociedade queira que eu morra ou me mate no cumprimento dos deveres absurdos que ela exige, porque aí é uma guerra entre a minha sobrevivência e a da sociedade. Se eu puder, vou sobreviver, e a sociedade que se dane. Não estou aqui para morrer a fim de sustentar princípios injustos, cruéis e opressivos para todos".

Então, quando chegarmos a esse estágio do casamento, o outro ou a outra poderão ser a salvação da vida. Mas nós não vemos desse jeito, porque, repito, se uma dessas histórias é sabida publicamente, o que se ouve das pessoas às vezes é horroroso, é o que eu dizia da minha infelicidade. Depois de viver horas muito felizes, ouvia de tantos, a qualquer hora, coisas muito ruins; não diretamente contra mim, mas histórias parecidas: "Fulana? Não tem vergonha na cara, a descarada, aquela lá... Imagine, casada, com três filhos, meu Deus! Onde é que nós vamos parar?", "Ele? Um garanhão, pega qualquer mulher que aparece, que horror, meu Deus do céu!"

O LIXO DE PÉSSIMOS SENTIMENTOS E JULGAMENTOS QUE SE JOGA SOBRE AS RELAÇÕES AMOROSAS É UM HORROR

De minha parte, se eu pudesse responder, diria: "Olhe aqui, eu não estou seguindo um capricho, eu não quero um caso a mais, eu quero sobreviver, se possível. Recomeçar a viver, porque eu estou morrendo, você entende? Se você entender, vai ser ótimo, vamos ficar amigos, vamos até fundar um partido a favor do direito de amar. Se você não entender, vá passear. Você é meu inimigo, inimigo da vida e um medroso que quer assustar os outros para que todos continuem a se esforçar para resistir à tentação de viver".

Até a santa mãe namora em segredo, bem em segredo, o coroa – ou o jovem – da novela. Namora, sim, porque sem namorar ninguém vive!

Na verdade, as pessoas morrem de inveja e morrem de susto quando ouvem essas histórias. Um desses medos é: será que vão descobrir o meu caso? O meu desejo?

Examinando as fofocas que possam ter feito no curso de um dia, vocês vão puxar um por um todos os seus desejos reprimidos; claro, tudo projetado no outro, porque eu desejo mas temo, e então fico com meu medo e projeto meu desejo: ele, aquele sem-vergonha!

Os hindus falam essas coisas com clareza: se você não faz coisas porque tem medo, é melhor fazer o que você teme. A ideia básica é esta: o que eu não faço por medo não vou transformar em virtude; se não faço por sentir medo, vou dizer: "Eu não faço porque tenho medo". Quando assumo um ar de virtude e de modelo social, estou me vangloriando da minha incompetência, da minha pusilanimidade – da minha alma pequenininha... Estou dando a meu ninguém o tamanho de todos – todos os que fofocam as mesmas frases contra o amor.

Último lado da história: quando ela descobre a "traição", sente-se com todo direito de agredir implacavelmente o adúltero – e todos a apoiam (e por isso ela abusa). O próprio infeliz se declara culpado e diz que foi só sexo (despreza quem amou), aceita os xingamentos – às vezes, anos a fio! Se foi ele a descobrir, igual ou pior.

Como fazer nessas circunstâncias? Quando ela surgir como a vítima/ agressora, coloque você também um dedo no nariz dela e diga: "Você quer me enganar que nunca pensou nisso? E acha que eu vou acreditar? Nem sei se não fez também. E, se fez, tudo bem, bom para nós dois, você não acha? Namorar não é a melhor coisa do mundo? E então? Ou viver brigando é melhor?"

Até poucos anos atrás, dizia-se assim: carinho, envolvimento, pegar no colo, abraçar, agradar, tudo isso é mais ou menos bom de fazer com criança (embora mesmo com criança se faça muito pouco). Aos 4, 5 anos, começa a distância, não mexe muito, não dá muito beijinho, não é mais o príncipe nem a princesinha, não faz muita carícia, não fica muito encantado! É PERIGOSO!

É preciso separar bem carinho/contato com consciência e o contato automático, costumeiro, habitual. Estes não tocam muito nem comprometem. Quase não existem. Então pode, e agrados desse tipo existem em muitas famílias. Há pessoas que abraçam – como algumas de minhas fãs –, mas ficam falando, falando, falando enquanto abraçam. Elas estão na fala, e não no abraço; a pessoa que abraça mesmo chega, fica em silêncio e sente o abraço. Fundamental é saber se estou presente ao contato – ou não.

Mais exemplos: um pai com uma jovem de 15 anos ou uma mãe com um garotão de 15. É pouco provável que tanto o pai quanto a mãe sintam os dois garotões assim, corpo, vida, calor, contato, que bom, você é uma delícia, é gostoso abraçar você, dar umas beijocas, é sensual mesmo.

Uma das coisas tristes da vida – ou da família: não é raro que na adolescência pai e filha se distanciem porque o pai acha que não fica bem sentir o corpinho da menina vibrante, mulherzinha, gostosa. O pai não faz, ou não sente – e se sentir leva um susto e fica preocupado, até se sente culpado. Já ouvimos muitas histórias assim. A mãe e o meninão, a mesma coisa. Dá beijinho desencostado porque não pode sentir que ele tem pinto.

Pinto e mãe, a mais radical oposição no universo muito louco dos preconceitos familiares.

EM FAMÍLIA CARINHO PODE, MAS CARÍCIA NÃO

O contato imediato é ainda mais difícil que o olhar direto. Vocês sabem quanto evitamos os olhos – olhar e só, sem falar.

O elevador é a anedota do universo. Num cubículo se reúnem seis pessoas, e a tarefa é conseguir não olhar para nenhuma das outras. Posso olhar disfarçadamente, enquanto falo, distraidamente, mas "olho no olho" é parecido com o contato consciente. É difícil, forte, fundo, compromete. Dar palmadinhas nas costas do amigo, um abracinho rápido na filha, no namorado, um beijinho, tudo bem, mas sentir o corpo, a pele, o cheiro, já começa a ser muito envolvente; ou você consegue – se permite – entregar-se ao encantamento, ou você se enrijece/recua/contrai.

Mas temos grande prática em encenar, a ponto de muitas vezes fazermos gestos meio ensaiados. Faz de conta que estou muito aqui, mas não estou.

Voltemos, então. Reconhecia-se – no passado – que em criança, em família, certo carinho é bom; que adolescentes gostam muito de ficar se acariciando, mas que gente grande mesmo, principalmente homem, não é de fazer muitos agradinhos, dar beijinho, passar a mão, dar lambidinha na orelha, rir. Fazer todo mundo faz – ou fez –, mas não fica bem nem eu mesmo ver o que estou fazendo.

Mantemos entre nós uma distância física muito grande. Vocês já assistiram a documentários sobre povos primitivos, alguns vivem num "grude" espantoso. Ficam acocorados, encostados uns nos outros o dia inteiro, aconchegados, abraçados, se beijando, e vamos ver até que ponto isso é saudável, conveniente, necessário e benéfico.

NOSSA TOTAL FALTA DE EDUCAÇÃO AFETIVA E SEXUAL NOS LEVOU A UM IMPASSE MORTÍFERO E RIDÍCULO

NUNCA faça muitas carícias porque senão acaba NA CAMA – vejam que perigo!

No entanto, uma idiotice dessas já serviu para abortar milhões de horas felizes. Quando, há meio século, no Brasil, começou o trabalho corporal, a possibilidade de massagem, de dança, de toques, grande número dos detratores partia diretamente para "explicações" pornográficas. Trabalho corporal é sacanagem, noção que ainda se ouve a qualquer hora. Sempre a mesma ideia: não se pode mexer no outro, a não ser na hora de transar. Aí pode mexer um pouco; se não é para transar, então NÃO COMECE.

Europeus e americanos são distantes e estranham a proximidade. Manter a distância é próprio de todas as civilizações de poder.

Há um estudo de um famoso antropólogo americano sobre 400 sociedades primitivas ainda existentes registrando tudo que se podia estudar: trajes, quando se vestem, quando se despem, quais as falas comuns, quais as gentilezas aceitas, qual é a religião, qual é o estilo de guerra, de armas, de relação entre marido e mulher – tudo que pudesse caracterizar uma sociedade foi quantificado e computado.

A conclusão é muito importante: há uma minoria – bem pequena – de sociedades no mundo nas quais tanto o erotismo infantil quanto a sexualidade adolescente são bem-aceitos. As crianças podem se explorar, se estudar, se mexer, se virar, se achar, inventar jogos sexuais à vontade, que ninguém se importa. Os adolescentes podem namorar à vontade. Pouquíssimas sociedades são assim, mas existem algumas. A grande maioria, em graus diferentes, é autoritária e restritiva, e algumas são brutais ao reprimir qualquer manifestação afetiva de contato, de carinho e de sexo.

Quando se confrontam esses dois tipos de sociedade, a diferença é espantosa em uma série de coisas importantes. Vou dar algumas como exemplo – não sei se consigo repetir todas. Uma é o *status* da mulher. Nas sociedades amorosas, homem e mulher são relativamente iguais, ao passo que nas autoritárias a mulher invariavelmente é escrava. A segunda é o fato de, nas sociedades amorosas, haver pouco confronto, competição e exibição de *status*; não existem muitas classes sociais. Há o chefe, e o resto é tudo igual, e às vezes é preciso pegar o chefe a laço porque ninguém quer ser chefe – que lição aqui em Brasília! Terceira, a criminalidade é praticamente nula nas sociedades amorosas, mas muito presente nas outras. Guerra e tortura de prisioneiros, mesma coisa, tem lá, não tem aqui. As crianças obviamente são muito bem-amadas aqui e muito mal-amadas lá.

ONDE HÁ AMOR NÃO HÁ RELIGIÃO

Um dos dados mais surpreendentes dessa pesquisa é que nas sociedades amorosas não existe religião, e, quanto mais autoritária a sociedade, mais rigorosos os deuses e os costumes moralistas.

Vão se somando a esses fatos até que ponto depreciamos o contato vivo e quanto estamos pagando por isso – este é o tema básico da nossa conversa, agora.

Vamos falar quase só de contato, carícia, tem, não tem, por que tem, por que não tem, o que acontece quando tem e quando não tem.

As mulheres desde há muito se queixam de que os homens são pouco carinhosos, tanto no cotidiano quanto nas horas declaradamente amorosas, nas quais haveria plena razão para muita troca de contato, de carícias, de passar a mão, de agradar, apertar, se enroscar e mais coisas gostosas de fazer com o corpo inteiro.

Essa divergência é fundamental para criar oposição, descontentamento e depressão nas mulheres. Nesse modo de vida sem carícias, de indiferença gradual, ocorrem na mulher pensamentos ruins: "Que besteira eu fiz! Não sei por que casei, não devia ter casado, não era nada disso que eu imaginava". Lembro-me de clientes de décadas atrás, quando a virgindade ainda era muito prezada e, portanto, no namoro em geral não havia relações sexuais; muitas vezes eu ouvia relatos assim: "Ah! Gaiarsa, casar é um abacaxi. Enquanto eu namorava, podia tudo, menos aquilo, e a gente ficava duas horas se esfregando, se beijando, se agarrando, era uma delícia. Casou, faz aquilo e mais nada. E o relacionamento fica muito pobre e muito vazio".

Essa era a opinião mais corrente sobre carícias, 40 anos atrás.

Há anos, recomendei à Editora Summus que traduzisse e publicasse o livro *Tocar – O significado humano da pele*, de Ashley Montagu. É o livro de maior bibliografia que vi até hoje. É científico da primeira até a última página, no sentido de que é cuidadoso e só faz afirmações apoiado em fatos, relatos e experiências. Não é um livro especulativo, poético ou filosófico, cantando louvores às carícias.

Inicialmente, ele observa: só a partir de 1940 é que começaram a surgir na literatura científica do Ocidente estudos sobre o valor do contato de qualquer espécie, entre animais, entre povos diversos, na família, na medicina etc. Antes disso, ninguém havia pensado em estudar a sério o valor e a função dos agrados.

Sempre que eu falar de carícias, tato e contato, não estou falando de sexo, só de carícias, contato e envolvimento propriamente dito. Chamarei a esse conjunto de ações de erótico – declarando seu valor próprio, independentemente de um fim ou direção sexual.

O que esse livro mostra em todas as escalas possíveis e imagináveis? O fantástico valor biológico do contato.

O FANTÁSTICO VALOR BIOLÓGICO DO CONTATO

Vamos esquematizar duas ou três experiências desse livro, que está recheado delas, repito, da primeira à última página. Começamos com um fato engraçado. Se você tirar os parasitas do ouriço, aos poucos ele morre, não se sabe bem como. De falta de relacionamento e estímulo cutâneo, porque é claro que dois porcos-espinhos não podem se acariciar nem deitar e rolar juntos, não é? A única excitação de pele que esses bichos têm é por meio dos parasitas e insetos que ocupam a pele, e se você tirar esses parasitas o bicho morrerá por privação sensorial.

Esse fato está relacionado com outro muito citado na literatura. Uma história bonita e terrível: nas creches do começo do século, onde ficavam crianças abandonadas, acontecia um fato estranho. A criança que chegava era apenas banhada e alimentada – e mais nada. Ela ia apagando, morrendo. *Noventa por cento* das crianças morriam *por falta de contato*, de atenção, de manipulação, de interesse; elas não tinham interação.

Vamos recordar uma experiência, comentada no mundo inteiro. O pesquisador criou chimpanzés recém-nascidos longe da mãe, numa gaiolinha onde estavam duas armações de arame, uma com duas mamadeiras (como seios) e outra toda revestida de pelúcia. O próprio cientista ficou espantado com duas coisas. Eu vi na TV o final dessa experiência, uma coisa terrível. Esses macaquinhos, mais tarde, ficaram completamente alienados e autistas. Postos de novo em contato com outros filhotes, mostravam-se apáticos, indiferentes, não respondiam, não tinham manifestações sexuais, mal se alimentavam. Era terrível ver o desamparo desses macaquinhos. Essa foi uma das consequências da distância – falta de contato – em relação à mãe.

A segunda conclusão do autor é muito mais promissora. Diz ele:

Levando em conta esses 99% do tempo em que os bichinhos ficaram agarrados à mãe de pelúcia, quase se esquecendo de mamar, só esse dado nos permite inverter de vez a convicção de todos sobre o valor primário da nutrição – da comida.

Até hoje se acreditou que filhote precisa mamar antes de mais nada e acima de tudo. Acontece que para mamar ele é trazido para junto do corpo da mãe e por isso o contato corporal, o envolvimento acabam tendo um valor importante também, mas como decorrência, de certo modo, secundária.

Nossa experiência sugere fortemente que a realidade é outra e que é absolutamente vital o contato, e é por isso que surgiram os mamíferos!

Vejam vocês que maravilhoso salto de trapézio ele dá. Repito, é um estudo que foi comentado no mundo inteiro.

O CONTATO CORPORAL É MAIS VITALIZANTE DO QUE A NUTRIÇÃO!

Vocês entendem bem a força desse argumento? Ele está dizendo que a fome é menos importante do que o contato corporal, ou que o contato corporal é mais vitalizante do que a própria nutrição.

É claro que o bichinho tem de comer. Ninguém vai dizer que carícias alimentam concretamente o corpo. Mas nutrir-se é apenas um pequeno episódio – curto – de um contato e de um convívio imensamente maiores entre os dois seres, no caso, mãe e filho. Os macaquinhos mamavam apenas durante 1% do tempo!

Agora, vou fazer uma crítica curta, porque já se falou muito sobre isso, mas faço questão de repisar: o crime gritante contra a vida que são as maternidades.

O CRIME GRITANTE CONTRA A VIDA QUE SÃO AS MATERNIDADES

Trata-se de um crime de má-fé, não de simples ignorância, porque o obstetra tem uma boa ideia dessas coisas e de outras também. Um bichinho qualquer ficou lá dentro meses, em simbiose autêntica. Sai o filhote e a fêmea está em volta, a primeira coisa que ela faz é lambê-lo inteiro, depois come a placenta, fica junto e aquece, dá de mamar. Ela fica lá o tempo inteiro, e essa é a maior garantia de sobrevivência e saúde da mãe, da criança e da espécie.

Vamos lembrar mais coisas sobre chimpanzés. Eles estão muito próximos de nós, apesar da diferença de aspecto físico. Dizem os estudiosos o seguinte: a diferença cromossômica entre nós e os chimpanzés é de 1%. A diferença de composição das proteínas é de 1%, embora esse número seja difícil de esclarecer; a história evolutiva do chimpanzé é 99% igual à nossa.

Portanto, nossa diferença em relação aos chimpanzés é bastante limitada. Vamos deixar isso dito porque vou falar muito sobre chimpanzés, e alguém vai dizer: "Mas eu não tenho nada que ver com chimpanzés". Estou mostrando que tem – e muito.

Então voltemos à maternidade, cujo crime básico é: nasceu a criança, afasta da mãe. Eu não sei como é que se pode inventar uma coisa dessas. Nos ambientes médicos se diz que, quando o sujeito não tem vocação para médico, ele se torna parteiro, porque 97 vezes em cem a criança nasce muito bem, obrigado.

Boa parte das maternidades hoje em dia permite – se a mãe quiser – que o filho fique junto dela. Mas, depois de ouvir essa notícia, as conversas continuaram, e algo mais foi se esclarecendo. É verdade, a proposta é feita, mas não é facilitada. É feita formalmente, compreende? Mas as caras e os jeitos estão dizendo: "Olha, não queira ficar, viu? Lá no berçário ele fica bem. Nós sabemos cuidar dele melhor do que você. Afinal, é seu primeiro filho, e você está fraca e cansada..." Epílogo tristíssimo: grande parte das mães prefere que o filho fique longe.

A meu ver, um sinal claro de degeneração do instinto maternal produzida pela tecnologia hospitalar e por mil preconceitos descabidos contra o contato. Não que ele seja proibido, não. É apenas sutilmente desvalorizado. Nós somos muito parecidos com o canguru (e todos os marsupiais) num ponto. Vocês sabem que o canguru nasce duas vezes. A primeira, minúsculo, nem sei como consegue rastejar entre os pelos e as dobras de pele até chegar à bolsa marsupial. Lá, gruda numa tetinha elástica, ficando em contato muito íntimo e muito demorado com ela durante meses e meses. Os marsupiais têm dois úteros, o útero propriamente dito, onde o filhote é gestado, e a bolsa marsupial, também chamada de útero externo. O ser humano é igualzinho ao canguru, só que a bolsa marsupial do nenê são os braços, o colo e o aconchego – o contato permanente com a mãe.

E precisa ser assim. Vocês sabem que o ser humano nasce e permanece muito tempo frágil e desamparado. Comparem essa história com a de um herbívoro, um búfalo, um cavalo. A fêmea dá à luz andando; o filhote, ao cabo de 15-20 minutos, começa a se pôr em pé, com todas aquelas varinhas espetadas, não sabendo bem manejá-las para andar. Mas é essencial que daí a não muitos minutos ele esteja em pé, porque, se em vez de 15 minutos ele levar 25, a fêmea o abandonará a fim de não se separar da manada, que é sua melhor proteção. Ele tem de aprender depressa a acompanhar o rebanho porque senão a onça pode comê-lo! Ao cabo de duas horas ele é um adulto pequeno, já tem liberdade – e controle – de movimentos. Pode correr, fugir. Pode acompanhar a mãe e a manada. Está seguro.

No começo da vida, um ser humano não sobrevive de jeito nenhum se não tiver um adulto em volta. E durante muitos meses é assim. Ele só vai andar com 1 ano de idade, a idade da autonomia – ou o começo da liberdade. Agora ele sabe alguma coisa de essencial para sua vida. Sabe chegar aonde quer e fugir do que não quer. Nessa hora é que estaria saindo da bolsa marsupial. É aí, por volta de 1 ano, que a criança humana é criança. Até essa idade é um feto. Até seu aspecto é de um feto – cabeça grande, tronco menor, membros minúsculos. Separá-la da mãe é um crime inominável.

Pelo amor de Deus, se alguém aqui vai dar à luz, segure o filho perto, mesmo que não saiba o que fazer. Melhor que ele fique perto, desesperado, do que num berçário tranquilo, aliás, nem é tão tranquilo. Depois tem todo o resto da história dos berçários, mamadeiras com lactose (açúcar) para que ele pare de chorar, se envenene, perca a fome – e resmungue na hora de mamar.

Minha primeira mulher era médica, trabalhava na maternidade onde deu à luz, não foi nem um pouco bem tratada. E ela era médica de lá! A mesma gritaria, a mesma palhaçada de ordens contraditórias: "Faça força", "Empurre". Na sala ao lado tem uma xingando o marido. "Desgraçado... nunca mais"...

A cena do nascimento humano, às vezes, é um horror. Vejam, não é uma opinião minha; a sociedade seria uma espécie de organismo vivo. Instituições, costumes e preconceitos não surgem por acaso, nem isolada ou independentemente. Entre nós o nascimento imprime, no fundo, a noção de que este mundo é perigoso – muito. Preciso fazer tudo que me disserem e ficar bonzinho para sobreviver. Estou num mundo mais do que inimigo. Nasci do calor para o frio, do silêncio para o barulho de gritos e berros, do macio para o duro, do acolhedor para a solidão.

Um bom amigo acompanhou o nascimento da segunda filha. Como era médico, deixaram-no ficar. E ele descreveu claramente a enfermeira padrão da sala de parto, que é um monumento de insensibilidade. O que ela menos gosta na vida é de criança; está "farta" de ver bebê chorando, mãe berrando e tudo mais. Ela pegou a criança, era um dia frio, pôs um pano finíssimo sobre a balança, que é uma lâmina de aço inox, e, sobre o frio da balança, pôs a recém-nascida nua. Natural, é preciso pesar, é a balança, tudo lógico, tudo bem explicado – a gente sempre explica tudo. E assim deixa tudo como está.

Voltam para casa e, um ou dois dias depois, meu amigo chega perto do berço e percebe que a menininha está com as costas encurvadas para não encostar no colchão. Ele percebeu na hora – graças a Deus, graças a ele, ou até graças a mim, que lhe mostrei muito dessas coisas. O que ele fez? Pôs a mão sob o dorso da criança, mão quente, macia, gostosa. Fez força para cima um pouco, até a criança perceber o apoio. Aí ele foi descendo a mão devagar, e ela foi descendo as costas junto até encostar na cama.

Ao ser posta sobre o frio do aço inox, ela endureceu e encurvou as costas para evitar o contato gelado. E ficaria assim não sei até quando se ele não tivesse percebido. Ela começaria com um desvio de coluna no primeiro dia de vida! O ser humano é extremamente delicado, não só desamparado mas também muito sensível. Precisamos aprender a cuidar melhor das crianças.

PRECISAMOS APRENDER A CUIDAR MELHOR DAS CRIANÇAS

A noção médica sobre contato e relações afetivas é inqualificável. A ignorância médica em matéria de humanidade é de entristecer. Os médicos têm problemas emocionais como todos nós, e, não conseguindo lidar com eles, os negam.

E então chegamos a essa medicina de equipamentos sofisticadíssimos e caríssimos – e totalmente sem sentimentos, sem emoções, sem alma.

Mas sempre há exceções – graças a Deus!

O dr. LeShan – um nome curioso – escreveu *O câncer como ponto de mutação*. Segundo ele, o aparecimento de um câncer na vida de uma pessoa assinala um ponto de mutação. Se ela continuar com a vida que tinha, morrerá do câncer; se ela conseguir mudar de vida, descobrindo o que de fato é importante, provavelmente ficará curada dele.

Outro livro, *Sexo pode salvar sua vida e seu coração*, é de um velho cardiologista experiente, americano, chamado Eugene Scheimann, supercheio de estatísticas e dados. Resumo do livro: se você tem relacionamentos amorosos bastante satisfatórios, de alma e de corpo, fique em paz – e do coração você não morrerá. Não existe maior garantia de saúde do que estar onde me apraz, fazendo coisas que me dizem respeito, com pessoas que eu aprecio e amo. Saúde e felicidade são sinônimos, assim como infelicidade e doença.

SAÚDE E FELICIDADE SÃO SINÔNIMOS, ASSIM COMO INFELICIDADE E DOENÇA

Hoje em dia, na televisão, qualquer pessoa que aparece se declara felicíssima com a vida: "Só faço o que gosto". Não sei bem como. Porque os empregos disponíveis não são lá essas coisas. É muito difícil gostar de ser bancário e dizer: "Esta é a minha vocação, meu destino, nasci para isso". Hoje, a maior parte das profissões é monótona, automatizada, simplória. Dificilmente alguém dirá que são objetivo de vida. A necessidade econômica, o capitalismo do lucro acima de tudo, a produção em série geraram um número fantástico de profissões totalmente inexpressivas.

O ser humano ainda hoje é usado na empresa como se fosse um computador de última geração, na função de uma calculadora simples – para fazer quatro operações.

Mas o problema do coração, como quer a medicina cega, é o colesterol!

É tão absurdo todo esse clima "de saúde" que levou minha mulher a dizer: "A maternidade seria um lugar maravilhoso se lá não houvesse mães". As mães, na maternidade, atrapalham o médico, o enfermeiro, a administração, gritam, se agitam, querem anestesia... Como as mães estragam a maternidade!

E é preciso contar também, já que estamos aqui, e para encerrar esta parte da maternidade, a história superdramática do famoso dr. Semmelweis, o primeiro médico que suspeitou da existência de micróbios. No tempo dele – final do século XIX –, as mães gritavam, protestavam, se agarravam aos postes a fim de não ser levadas para a maternidade, porque a mortalidade por febre puerperal chegava a mais de 90% nos hospitais, e todo mundo sabia disso. Semmelweis começou a lavar as mãos entre um exame ginecológico e outro. Naquele tempo, o obstetra ia ao hospital de cartola, casaca e avental. O exame das parturientes era feito em série. Uma porção de mulheres grávidas sendo examinadas por professores e estudantes, fazendo toque nesta, na outra, na outra, na outra. Quer dizer: bastava ter uma com febre puerperal e a série inteira ficava doente. Semmelweis apenas dizia: "Após cada exame, lavem as mãos". Riram dele, claro. Mas daí a um ano ou dois ele começou a mostrar suas estatísticas de pouquíssimas mortes por febre puerperal, enquanto nas outras enfermarias esse número continuava acima de 90%. Fez mil demonstrações, estatísticas comparativas e muito mais. Pensam que os obstetras se convenceram? Nunca. Semmelweis morreu meio louco, de tão revoltado contra a sabedoria da mediocridade. Diz-se que ele ia contando essa história na rua, para qualquer transeunte, como um doido que fala sozinho.

Os médicos são uma classe absurdamente conservadora – com suas razões, sem dúvida. Profissão na qual a pessoa se vê cercada diariamente de sofrimento, ansiedade, morte. Eu entendo que é uma profissão difícil. A maioria dos médicos, em vez de se humanizar, endurece – vocês sabem.

"NASCER SORRINDO"

E aí fica péssimo para o cliente e para os próprios médicos.

É preciso encerrar a maternidade e seus crimes nefastos com Frédérick Leboyer e seu livro *Nascer sorrindo*. Leboyer reviveu todo o horror do próprio parto com a técnica de renascimento, na Índia. Ao voltar para a Europa, reformulou o parto por inteiro.

A criança é recebida sob luzes não ofuscantes, sem gritos nem choro; logo que nasce, é posta sobre a barriga da mãe, deixada em paz até começar a respirar. Não é preciso forçar com as famosas palmadas no traseiro. Quando ela começa a respirar, corta-se o cordão. Deixa-se a criança onde está mais um pouco. Depois, sim, já que se falou do pai, seria a hora ideal para ele pegar o bebê e dar-lhe um longo e acolhedor banho, morno e gostoso. Receber a criança decentemente, só isso.

Esse livro é muito ilustrado. Basta vocês confrontarem uma criança nascida pelo método Leboyer com uma criança nascida "normalmente" na maternidade, e acabou-se a discussão. A criança bem-nascida é realmente um pequeno Buda, risonho e feliz; é uma graça ver a carinha da criança bem tratada. A outra parece torturada.

A filha de Reich, Eva, anda pelo mundo fazendo essa pregação.

Esse é nosso primeiro contato com o mundo e com as pessoas. Frieza, indiferença, barulho, grosseria, incompreensão. Assim começa nosso medo de contato. Medo daquilo de que mais necessitamos!

A separação imediata de mãe e filho tem outros inconvenientes. Seria fundamental que a criança mamasse logo depois de nascida, por três razões, que vocês talvez saibam. O primeiro leite materno, que não parece leite, o colostro, é riquíssimo em anticorpos. A criança esteve num ambiente estéril dentro do útero, nunca teve contato com micróbios; quando sai, o primeiro micróbio que chegar é um perigo grande para ela. Durante seis meses – ou mais –, ela tem os anticorpos maternos para protegê-la das infecções mais comuns, e assim tem tempo para entrar em contato com os bichinhos e desenvolver a própria imunidade. A primeira mamada faz o útero se contrair, é a melhor profilaxia das hemorragias do parto. Enfim, a primeira mamada estimula a produção do hormônio galactogênio, favorecendo a produção do leite. Nada disso se faz em maternidade. Você dá uma injeção de ocitocina para contrair o útero, dá outra injeção para estimular o seio, joga o colostro fora.

Sem contar com o principal: lembremos a história dos macaquinhos; o neonato há de se sentir muito bem se foi acolhido pela mãe, mamando. Talvez o alimento não seja necessário nesse momento, mas o contato é.

O sr. Ashley conta histórias bonitas e histórias surpreendentes, como a seguinte. A pesquisa foi realizada por uma enfermeira ou uma parteira – não ficou claro para mim quem era. Em um grupo de parturientes, o marido foi convidado a fazer massagem no períneo da companheira, durante o trabalho de parto. O processo reduziu consideravelmente a necessidade de episiotomia.

O que é episiotomia? Às vezes, ocorre uma rasgadura no períneo pela passagem da cabeça fetal, e quando o obstetra suspeita que isso pode acontecer dá um talho com tesoura na borda da vagina. Melhor ferida limpa e reta do que rasgadura cega.

Mas, cá para nós, o que quer dizer fazer massagem no períneo de uma mulher? É masturbá-la, óbvio. Imagine o pasmo dos que ouviram o relato!

No entanto, é tudo tão claro. Com prazer tudo é mais fácil – se não houver culpa! Vamos dizer e fazer isso – "massagem no períneo" – num hospital, demonstrando que a "técnica" traz grande benefício para a mãe. Imaginem o escândalo! Não parece, mas essa história é muito parecida com a de Semmelweis.

Encerramos aqui a questão da maternidade e vamos voltar para nosso amigo Ashley. Vamos reunir, como se fosse uma só, muitas das experiências que ele relata. Vamos pegar dez ratinhos e colocar aqui, mais dez ratinhos e colocar lá. Para os de lá, falo com a atendente: "Comida, limpeza e mais nada". Aqui, eu digo ao camarada: "Olhe, mexa com eles o mais que você puder, brinque, dê nomes, deixe-os sair da jaula, ponha no bolso, vá passear, deixe-os dar voltas em você, manipule, dê muita atenção e mexa muito com eles".

Depois de dois meses vamos verificar o que acontece nos dois grupos. Este grupinho aqui se mostra confiante, você chega perto e eles vêm para você. Se você chega lá, no outro grupo, eles vão, medrosos, para o fundo da gaiola. Quer dizer: animais estressados, assustados. Observem que ninguém fez nada contra eles! Foram apenas ignorados.

Primeira conclusão: provavelmente o melhor remédio que existe contra o estresse são carícias, bem-feitas e bem recebidas, "bons tratos", atenção, carinho, brinquedo.

Continuando: este grupinho aqui praticamente não fica doente, enquanto aqueles adoecem com facilidade e as doenças custam a sarar.

Segunda conclusão: se você tem muito carinho na sua vida, tem um poderoso estímulo para seu sistema imunológico e se defende muito bem de doenças sem precisar do médico. Basta a felicidade.

Terceira conclusão: estes crescem mais depressa, são mais consistentes, têm pelo de melhor qualidade, mais brilhante, comprido.

Estes – quarta conclusão – têm um ciclo sexual perfeito, macho e fêmea bem diferenciados, coito fácil; a reprodução ocorre lisa e natural. Lá se entendem mal, brigam muito, há natimortos, abortos, muitas mães que não cuidam dos filhotes.

AS DROGAS DO AMOR

Acrescento aqui estudos científicos sobre nosso enamoramento romântico, ou seja, com muito envolvimento e muito agrado. Durante um bom envolvimento amoroso, aumenta a produção de endorfinas, isto é, dos "tóxicos" internos; você ganha uma injeção de morfina natural, responsável, na certa, pela formação do "casulo" que descrevemos, a envolver os dois enamorados; talvez pela sensação de distanciamento em relação ao exterior e pela perda da noção de tempo.

Outra substância isolada no sangue dos namorados é bem semelhante, quimicamente, à anfetamina, usada no passado como estimulante cerebral e moderador do apetite. A ela se deve, na certa, a sensação de exaltação vital, tão evidente e importante no estado amoroso.

É preciso aqui conversar com bioquímicos e biólogos – até antropólogos. Eles tendem a pensar em causa e efeito: a produção dessas substâncias "explica" muito bem o que se sente no estado de enamoramento. O que pouca gente se pergunta é o *que faz* que as glândulas ou o sistema nervoso elevem a produção desses mediadores.

A ciência oficial é bem engraçada. Criticando impiedosamente as explicações que falam em milagres, fabrica milagres em série. As endorfinas e as anfetaminas aumentam porque querem ou porque Deus quer... Na fúria das explicações objetivas, a ciência ignora ou nega os indivíduos, as circunstâncias e – em especial – o fato de nada no organismo começar ou se fazer sem antecedentes e sem cofatores – ou desligado do ambiente.

ESTADO AMOROSO – LOUCURA OU FELICIDADE?

Em um livro, aliás excelente e gostoso de ler, *Anatomia do amor,* a autora Helen Fisher, bem inconsciente de seu conservadorismo, chama de "enfatuação" o estado amoroso e, depois, de loucura, delírio e, implicitamente, de ridículo. Claro: o "normal" é o certo, e o enamoramento é deveras uma loucura.

Na filosofia tântrica, veja a diferença, o estado amoroso é tido como a mais alta forma de existência, e tudo é feito para que a pessoa viva permanentemente nesse estado! Logo, o normal é uma chatice, um tédio e uma inconsciência lamentáveis...

Mais um dado fala a favor do tantra e contra a ciência (de causa e efeito): o estado amoroso é um poderoso estímulo ao sistema imunológico! Isto é, esse estado de "enfatuação" é bem melhor do que antibióticos e vacinas combinados! Somadas, essas informações mostram, com muita força, que o estado amoroso é bem mais o que nos diz o tantra, e mais do que a opinião da ciência mecanicista.

Mais inteligente e também mais criativo, o tantra pode ser considerado uma tentativa de desenvolver a famosa e mitológica panaceia universal.

Mas é claro que o normal é melhor e que a estatística é a verdade...

Levando a sério a saúde da felicidade, muito ligada ao contato e ao carinho, de novo nos perguntamos se a ciência oficial não é cega – ou reprimida, ou idiota (quem nega ou não percebe o que é evidente é idiota por definição): por que os hospitais parecem geladeiras de necrotério? Haverá pior maneira de cuidar das doenças do que a usada nessas morgues tão brancas, tão desinfetadas, tão impessoais, tão ameaçadoras?

Enfim, falando em ciência, lembramos a aids, o "demônio" do século XX, tão assustadora e tão fantasiosa quanto o famoso personagem, rei da Idade Média, presente em tudo, envenenando tudo, comprometendo todos, sempre astuto, mal-intencionado, perigoso. (Adiante voltaremos ao assunto.)

E, para encerrar de vez com a bioquímica e estabelecer um novo argumento a favor das duas espécies de amor, lembremos que os hormônios da reprodução são a foliculina e a luteína, controladas pelos estimulantes hipofisários. De outra parte, acabamos de ver que os "hormônios" do enamoramento são essas substâncias semelhantes à anfetamina e às endorfinas.

Vamos continuar com o *Tocar*, que é nossa Bíblia. Vamos pegar um ratinho de lá e um daqui e vamos extrair cirurgicamente a tireoide e as paratireoides dos dois. São glândulas vitais, e sem elas morremos, mas aquele morre em dois dias, enquanto este leva mais de 30 dias para morrer. Baseados nessas experiências e em numerosíssimas outras, podem-se contestar todas as conclusões médicas decorrentes das experiências com animais.

Em um congresso, um médico relata que experimentou com dez cães, fez essa dieta, essa transposição de órgãos, a ligação de vasos, e acontece que três ficaram assim e sete ficaram assado.

Eu poderia levantar a mãozinha do moleque e dizer: "Escute, camarada, esses cachorros foram acariciados ou não?" Imaginem a cara do público diante de uma pergunta dessa. Aí eu exibiria minha Bíblia e diria: "É bom vocês lerem isso aqui, porque se os animais fossem acariciados o resultado e os prazos de sobrevida seriam inteiramente outros". Percebem? Estou colocando em dúvida todas as pesquisas médicas. Não que estejam todas erradas, mas todas poderiam ser melhoradas ou modificadas se os pesquisadores olhassem por esse lado.

O tato é o primeiro dos sentidos vivos, junto com a propriocepção – os dois critérios básicos a nos dizer de uma realidade que não sou eu nem meu corpo.

Quando encosto e quando empurro, se não cede, se resiste, então sinto a realidade primária: não é a minha pele, não é a minha força – então existe independentemente de mim.

Os psicanalistas vivem falando em senso de realidade, mas jamais tocam o paciente. Portanto, nem eles podem ter certeza de que o paciente existe! Porque falar, ouvir e ver não "prova" que o objeto existe, como se pode perceber ao telefone, no rádio, no cinema e na TV.

O TATO É O SENTIDO MAIS FUNDAMENTAL DA VIDA

Dado interessante sobre o recém-nascido: nós nascemos com todos os pontos sensíveis da pele no lugar. Um recém-nascido tem um décimo da nossa superfície corporal, e portanto dez vezes mais sensibilidade tátil! À medida que cresce, os pontos vão ficando mais distantes uns dos outros. Uma razão a mais para cuidar melhor do neonato.

Ashley demonstra em 400 páginas de trabalhos científicos que carícias são um valor vital totalmente insuspeitado pelas pessoas – ou negado por nós.

As mulheres têm razão ao querer carícias, as crianças precisam muito, adolescentes também, e todos nós. Precisamos reaprender a arte das carícias, de estar junto do corpo também quando conversamos, junto com o jogo de olhos, de sorrisos, de palavras, para que haja mãos que vão, encaracolam, alisam, brincam, mexem.

Sabem a etimologia da palavra explicar? É "ex-plica": explicar é desfazer (*ex*) uma dobra (*plica*). Explicar é alisar! Em resumo: Ashley demonstra "objetivamente" tudo que dissemos em nossa descrição "subjetiva". Harmonia perfeita!

OS GENITAIS NÃO SERVEM SOMENTE PARA AS RELAÇÕES SEXUAIS

A maioria das pessoas não acredita que se possa mexer nos genitais a não ser em situação declaradamente sexual. Pode sim, e pode ser muito gostoso, pode ser um excelente fundo de uma conversa filosófica, que se torna riquíssima em sensações e emoções – além dos pensamentos!

A revista *Playboy* americana convidou alguns arquitetos famosos e propôs um projeto igual para todos. Embaixo da mesa de desenho de metade dos arquitetos havia alguém fazendo agrados, mas sem intenção sexual imediata. O resultado dos que foram acariciados era bem superior ao dos outros, que não tinham sido!

Com minha última esposa, ficávamos duas horas ou mais em contato, enroscados, nos acariciando; isso vai criando uma confiança na vida que vocês não fazem ideia. O tato – básico – vai dizendo: o mundo é ótimo, o mundo é macio, o mundo é quentinho, o mundo é gostoso, expanda-se, abra-se, vá, o mundo é amigo e acolhedor. Se o sentido básico me diz que está tudo ótimo, o resto vai sozinho.

Agora, vamos ver o outro lado das carícias. Quero que vocês adivinhem de onde vem esta descrição: são muito comuns as posturas de apresentação sexual, não só de fêmeas, mas também de machos; às vezes, o macho monta a fêmea ou até a fêmea monta o macho, sem relação sexual. Fazem estalos com os lábios, dão muitos abraços, focinhamento das regiões genitais ou estomacais, tocar de mãos, pegar nos genitais principalmente observados em quem? Adivinhou! Chimpanzés! Só que parece livro de sacanagem, não parece? Sob olhos mais limpos, parece um resumo de quase todas as carícias que podem ser trocadas entre as pessoas.

Há muito tempo biólogos e antropólogos propuseram uma hipótese curiosa. Nossos costumes de carícias, proximidades e agrados têm origem no comportamento dos macacos de catar insetos. Hoje é fácil ver na televisão documentários com essas cenas: um macaco aproxima-se do outro, recosta-se no seu colo, e o outro fica cutucando os pelinhos, puxando carrapatos, pulguinhas, comendo, limpando sujeirinhas, lambendo um resto de fruta que ficou nos pelos. O interessante é ver a atitude – de plena entrega e prazer – do que está sendo catado.

Mas um dado me deixou estarrecido: sabem durante quanto tempo por dia os chimpanzés fazem isso? Duas a três horas.

O que dizem os cientistas sobre esses agrados de todos com todos? Que isso fortalece demais a agregação do grupo e diminui consideravelmente a agressividade. Todos podem dar e receber muitas carícias.

Proponho que se dê aos chimpanzés o codinome "sapiens". Com muito contato, não só temos muita saúde como também, se houvesse agrados à vontade, é certo que nos daríamos e nos entenderíamos bem melhor.

É muito difícil você brigar com alguém quando está em contato de pele. Ela é macia, gostosa, suave e cálida, e será difícil continuar azedo e distante!

PAIXÃO E CIÚME DE BABUÍNO

Falta mais um dado, agora sobre os babuínos, macacos do tamanho de um garoto de 8-10 anos, com uma boca enorme e caninos terríveis.

São políginos, cada macho tem duas, três, quatro fêmeas. Os machos alfa, as fêmeas e os filhotes ficam no centro do bando. Na periferia do grupo estão os machos solteiros, que são comida de onça. Os babuínos são "tradicionalmente" ciumentos. Quando uma fêmea prevarica com um macho jovem, o machão dominante vai lá e crava os dentes na nuca da infiel. Mas a natureza – sabendo como são as coisas – providenciou a defesa necessária: as fêmeas de babuíno nascem com um notável pelote de gordura na nuca!

Os machos jovens, como os nossos, vivem de pancadaria e de aventuras, e lentamente, à custa de brigas sucessivas, vão chegando ao centro do bando. Mas só 20% dos jovens chegam ao centro – os outros morrem no caminho. Outro retrato perfeito da nossa sociedade, em que os jovens são impedidos de garantir a própria sobrevivência. Os velhos tomam conta de quase tudo e não dão lugar para os jovens assumirem seus lugares.

E o último dado, que achei fascinante: vez por outra, um senhor babuíno se encanta com uma senhora babuína. Os dois se afastam um pouco do bando, ficam se olhando um bom tempo, resmungando, se catando, tendo relações sexuais frequentes, completamente alheios ao bando. Esse "apaixonamento" – que outro nome dar? – dura uns poucos dias, e depois os dois voltam para o bando, e tudo bem.

Vejam mais um dado a favor daquela separação que estamos fazendo entre amor de casamento e amor de renovação, ou de transformação – do qual falaremos em detalhes mais adiante.

Falta aprender algo mais sobre os chimpanzés. As fêmeas do bando entram no cio uma por vez, e diz-se que o espetáculo seguinte mataria do coração uma solteirona puritana, porque ela se oferece a todos, a toda hora. Depois de uns poucos dias, os machos não aguentam mais a oferta. Dado surpreendente: apesar de ter centenas de relações sexuais, a fêmea não é fecundada. Dois ou três dias antes de terminar o cio, ela escolhe o pai dos seus filhos; os dois somem no mato, numa espécie de lua de mel, e então ela é fertilizada.

Notar com ênfase: *toda aquela exuberância sexual nada tem que ver com reprodução.*

É fascinante pensar que esse festival erótico do bando de chimpanzés foi a origem do nosso carnaval, passando pelas bacanais da Antiguidade, pelas saturnais, pelos sabás das bruxas na Idade Média. No carnaval existe uma licença geral, não tem patroa nem senhor, todo mundo pode se propor, se oferecer. Na Roma antiga, na Grécia, era a mesma coisa; era a época em que se desativavam, durante vários dias, *todas as distinções sociais e a licença erótica era total.* Perceberam a semelhança do que eu dizia quando mencionei o patrão que se encanta com a secretária? Aí não tem mais patrão nem secretária. Pois nos festivais orgiásticos do passado, numerosos, presentes em grande número de povos primitivos, todas as escalas de poder ficavam suspensas. Sem patrão nem secretária – nesta semana.

Era isso o que eu tinha a dizer. Acrescento apenas que, sem querer, eu e minha mulher descobrimos o segredo dos chimpanzés, muito antes de saber qual era. Vivemos um longo período em que ficávamos juntos muito tempo, encostados, enrolados, enroscados, nos acariciando, e isso fez uma diferença fantástica na nossa vida.

Resumo: o contato vivo é a coisa mais vitalizante que existe, equivale a uma injeção de vida. Não é só prazenteiro, mas uma garantia de saúde física e mental. O amor não é só prazenteiro. Ele é também uma garantia de saúde física e emocional. Se o amor fosse mais fácil, desenvolveríamos um poderoso fator de agregação social, bem mais aprazível e eficaz do que o existente.

O que fazemos é o oposto disso.

Cena típica e desagradável do casamento: o casal entra num restaurante, orgulhosos e distantes; não se olham nem falam um com o outro. De repente, ela cruza o olhar com alguém, longe; imediatamente, ele reclama: "Vagabunda, outra vez, você não presta mesmo". Na verdade, ele não tem mais nada que ver com ela, não tem o menor interesse nessa mulher, estão entediados até a raiz dos cabelos um com o outro. No entanto, vivem se policiando, perseguindo e torturando para que nenhum tenha com mais ninguém o que há muito tempo nenhum dos dois tem com o outro.

Isso é tido como natural; homem tem ciúme, afinal, macho é assim.

AMOR E FAMÍLIA – SEM PINTO NEM XOXOTA

Havia várias pessoas juntas no nosso local de trabalho, e Verônica, 16 anos, filha de minha mulher, perguntou como cada um de nós a via. Quando chegou minha vez, eu disse: "Olha, tenho com você uma ligação de paizão meio incestuosa". Diante de um certo embaraço das pessoas, acrescentei: "Muitas vezes, quando abraço você e dou uns beijinhos, eu sei que tenho pinto e que você tem xoxota, e é muito bom que eu saiba disso e que você também saiba, porque é muito triste que um pai, ao abraçar a filha, tenha de excluir o pinto dele e a xoxota dela".

O conservador critica como se o que ele faz fosse sempre lei eterna e evidente; portanto, o que você faz é errado. Estamos mostrando até que ponto o conservador (no caso, o moralista) está perdido, é vazio e estéril.

MILAGRE DE SATANÁS: AMOR QUE SEPARA

O que chamamos amor natural, social ou aprovado, é feito para isolar você de todo mundo. O amor que colocamos no alto, como uma coisa maravilhosa, na verdade é o que mais nos separa, em vez de nos aproximar. É fácil engraçar-se com alguém mesmo que seja um pouco só. Se depois continua, não sei, pode se aprofundar ou não; é fácil engraçar-se – mas não pode.

Todo mundo sabe que o amor vem por ondas. Alguns dias estou muito encantado com minha mulher; em outros, lembro menos dela. Não é pelo fato de amar uma pessoa que eu a amo perdidamente 24 horas por dia, todos os dias da vida. Tenho outros interesses, outras coisas, poderia ter outras pessoas, amigos ou amigas. E como seria bonito o mundo assim, e como a gente se sentiria melhor, em vez de estar continuamente numa guerra de "Isto é meu, propriedade minha, não olhe para lá. Aqui você está aborrecido, mas tem de ficar aqui, eu também não tenho o menor interesse nisso, mas vou segurar você aqui". Espero que vocês já estejam um terço convencidos de que nossas formas aceitas de amor são a pior coisa que se poderia inventar no mundo, diante de todas as que poderiam ser feitas em vez disso.

Pergunta – Quando o senhor falou sobre a mulher de 30 anos que desiste de amar, para mim ela está presa carmicamente.

Gaiarsa – Como assim?

Pergunta – Está presa carmicamente. Ela não aproveitou as relações anteriores para seu crescimento e expansão. Ela não assumiu a responsabilidade pela sua vida. O toque é muito importante desde que a pessoa tenha seu sistema sensorial sinestésico desenvolvido. Pode acontecer de a mulher ou o homem ser auditivo ou visual, e a outra pessoa, sinestésica; essa relação não vai dar certo. A não ser que a pessoa desenvolva. Essas são minhas crenças.

Gaiarsa – A melhor lição que aprendi com Leonard Orr, o fundador do Movimento da Respiração: todas as declarações são verdadeiras.

TODAS AS DECLARAÇÕES SÃO VERDADEIRAS

Completei a declaração de Orr com esta outra: a verdade é a soma de todas as declarações que foram feitas. A verdade é a soma; não há uma declaração que seja verdade, sendo as outras todas, falsas. A velha noção de uma verdade única (a minha!) é tirania intelectual, instrumento de opressão. A verdade única – digamos, a do cristianismo – serviu sempre de pretexto para guerrear a outra verdade fanática. Toda opinião acrescenta, soma-se, amplia, aprofunda as já ditas. Gostei dos seus comentários – penso em outras palavras, mas o sentido é o mesmo.

Pergunta – Se a mãe faz diferente com os filhos e encontra condenação e incompreensão neles, será boa essa divergência?

Gaiarsa – Fico numa posição de certa intransigência. Se as coisas são feitas com convicção, é melhor fazê-las – independentemente da reação dos filhos. Eles terão de escolher entre pessoas, não entre ideias. Poucas coisas dão mais segurança aos filhos do que as convicções honestas dos pais.

Pergunta – Mas nesse caso não retorna a figura da mãe autoritária fazendo o que ela acredita, contra a opinião da maioria?

Gaiarsa – Há muito tempo proponho que se excluam de vez do vocabulário familiar as palavras "dever", "culpa", "obrigação", "é natural", "mãe é assim", "pai é assim", "filho é assim". Não use essas palavras, jamais diga "O certo é isso"; diga "Eu gosto assim". Dizer para seu filho "Eu gosto" ou "Eu prefiro assim", permitirá que ele se defina diante de você e diante do fato. Ele pode gostar ou não, mas será sempre uma posição pessoal, e não lei eterna. Se você for tomada pelo mito da mãe, começará a dizer coisas solenes e repetidas – e não ouvidas.

Muitas vezes os adolescentes esperam um comportamento padrão dos pais, e, se você for meio variante, terá encrenca com eles. Minha defesa: não estou dizendo o que você deve fazer; estou dizendo o que eu vou fazer. É muito importante essa diferença. E eu não falo em nome do preconceito ou da lei, mas em meu nome. Substitua "dever", "certo", "errado", por "Eu gosto", "Eu não gosto", "Prefiro assim", "Me sinto melhor assim". Mostre-se de modo sincero, em vez de se esconder atrás da grande imagem – tão falsa quanto grande.

Quando entram o "certo" e o "você devia", a força é da lei, não sua. Quando você diz "Eu gosto", "Eu quero", "eu não quero", você está no fogo, e eles que escolham. Observe: tudo isso é fácil de falar, mas difícil de fazer. Não tenho a menor esperança de ter resolvido a sua dificuldade; espero ter dado uma força.

Pergunta – Ainda sobre os abraços entre pais e adolescentes ou sobre os agrados em crianças. Há uma série de filmes, peças de teatro e notícias em que as crianças processam os pais por atentado ao pudor. Isso está virando uma bola de neve. Esse fato não seria um motivo de inibição nas expressões de carinho?

Gaiarsa – Eu sei, é a tragédia; se começou a agradar tem de transar – essa é a nossa noção de trogloditas afetivos e eróticos. Você toca um ponto espantoso porque o incesto é muito ruim. Se você quer uma informação muito bonita nessa área, leia um livro chamado *Sexualidade infantil*, de Larry Constantine e Floyd Martinson. É a primeira vez que vejo autores falando desse assunto, defendendo seriamente o direito da criança ao erótico.

FAZER DE CONTA QUE NÃO TEM CORPO NEM PINTO É O PIOR QUE SE PODE FAZER

Veja bem, o tal conservador diz: "Não, não mexa, assim não acontece nada". De fato, não acontece nada, mas você verá o que custa essa ausência – custa uma boa parte de nossa incompetência erótica e afetiva. Você começa a existir sem o corpo erótico. Só sobra o corpo sofredor, o corpo da medicina. Lidamos então com uma medida muito delicada, até que ponto agradar e até que ponto não agradar, até onde se pode ir – o famosíssimo "até onde?" Tenho nojo, aversão e ódio de quem propaga essas ondas como se elas fossem o crime máximo. O livro de que falei mostra muitas vezes que esses amores eram muito bonitos, não havendo neles coação nenhuma, nem intimidação ou ameaça. Esse livro traz relatos de famílias que tinham muita liberdade sexual. Depois de um tempo chegaram à conclusão: "Agora vocês sabem como é; chega, tchau, vão cuidar da sua vida". Eu chamaria isso de uma supereducação sexual – família erótica.

Esse problema para mim ficou resolvido numa ocasião memorável. Eu falava de sexualidade infantil, da importância de permitir que a criança seja sensual, gostosa; que se mexa muito nela, no pinto também. Há uma ilha paradisíaca em algum lugar do Pacífico. Quando os adultos estão reunidos e chega um menininho, ele dá a volta no grupo, cada elemento do grupo o cumprimenta dando um toque no pintinho dele e dizendo: "Que belezinha". Se entra uma menina, a mesma coisa, todo mundo põe o dedinho lá e diz: "Que gostosinha". Este é o cumprimento oficial dos adultos em relação às crianças. Não é lindo? Natural? Gostoso? Então?

Depois que fiz a tal conferência, um casal aproximou-se. Ela, animada: "É, Gaiarsa, é bom mesmo. Nós tomamos banho juntos, ficamos pelados, eu fico, ele fica, o garoto fica, o garoto de 2 anos, é bom..." O rapaz estava meio arredio. Depois que ela desabafou um pouco, perguntei a ele: "E você, o que acha?" Ele estava hesitante, e disse: "Olha, é bom, é bom. Ela fica pelada, eu fico pelado, o garotinho também. Mas, e se ele quiser pegar no meu pinto, que cara eu faço?"

QUE CARA EU FAÇO?

O problema não é do pinto, é da cara. Se você tem cara para se relacionar com a criança, com a mesma ingenuidade e a mesma inocência, e se o brinquedo é gostoso, você pode fazer o que quiser. Lembro até de Santo Agostinho: "Ame e faça o que você quiser". Agora, se você faz cara de envergonhado, ou de culpado, ou de excitado, aí certamente não vai fazer bem para ninguém; mas aí não é só com criança, é com qualquer pessoa.

Quero marcar este ponto: com o famoso espantalho do incesto, a verdade é que quase nenhuma criança no mundo tem toda a estimulação sensorial que seria muito bom que tivesse, o que explica o centro de nossa neurose: quase ninguém sabe até onde vai ou onde estão sua pele e seus membros. Vivemos – por não termos noção clara de nossa pele – nos confundindo o tempo todo uns com os outros (projeções, identificações, introjeções). A pele é o limite fundamental do eu, e, se não sei onde está minha pele, não sei quem sou nem quais são meus limites.

A perfeição em matéria de educação sexual foi alcançada por uma tribo, acho que da Índia, chamada Múria, também citada nesse livro de erotismo infantil. Os múrias apreciam enormemente a vida amorosa e sexual. Diz o estudioso que seus casamentos são agradáveis de ver. Gente que parece contente com a vida.

Como é que eles educam crianças? A partir dos 3-4 anos, os pais fazem pressão discreta para o filho ir morar na casa das crianças e dos adolescentes. O garoto vai lá quando quer, não é obrigado a ficar, é muito livre para ir e voltar, e frequentemente vai e fica. Supõe-se que lá os adolescentes e as crianças troquem muitos agrados, aprendam de tudo. Adulto não mete o bico. Essa é a educação erótica – amorosa, sexual – ideal. Dos iguais com os iguais. É muito fácil nessa hora você dizer "Que horror!" e virar um puritano infernal, doença tão grave ou pior do que o incesto. Falo do puritano beligerante, ativo, moralista, perseguidor, fofoqueiro, implacável; esse camarada é um monstro.

Então a questão é muito delicada, porque não fazer nada é péssimo, e fazer errado é péssimo. O problema não é o ato, mas "que cara eu faço". Digo até mais, se você entra um pouco nesse caminho de troca de agrados com criança, pode conseguir uma das coisas mais bonitas e difíceis da vida: recuperar a sua inocência. Se você tiver cara. Em vez de querer ensinar às crianças nossa sexualidade, que é precária, você se dispõe a aprender junto com ela, o que é inteiramente outra coisa.

Que fique bem claro: esse conceito de que se fez agrado tem de transar é produto direto da nossa total e completa falta de educação erótica, da nossa grosseria emocional e sensorial. A única coisa que o homem sabe fazer é transar, porque não sabe agradar e muito menos se fazer íntimo.

E isso não é vantagem para ninguém, nem para ele, cá entre nós. Todos nos formamos nessa distância e ignorância. Só na adolescência encontramos – na escola e na rua – o grupo de apoio dos outros adolescentes. Esta – a de rua – é a única "educação" sexual que existe. O homem é um compulsivo sexual, não no sentido de ser fanático por muitas relações sexuais, mas porque faz sempre do mesmo jeito. Ele entra num corredor muito apertado e, se sair dele, brocha. Tem de ser daquele jeito, senão ele não é capaz de fazer.

VAMOS ENCERRAR COM DUAS PALAVRAS BONITAS: "ÓRGÃO" E "TOCAR"

Órgão é coração, pulmão, intestino, fígado; órgão é, também, teclado musical.

O que é tocar? É sentir o outro, exercer o tato; mas é também tocar o teclado – fazer música!

Nosso corpo é o maior parque de diversões e o maior instrumento musical do universo. A sensibilidade da pele, nas zonas erógenas, nos genitais, você pode explorar a vida inteira sem esgotar. Dessa infinidade de prazeres possíveis, as pessoas não usam nem 1%, o que me leva a uma tristeza infinita. Meu maior sofrimento pessoal foi não poder fazer nem de longe todas as carícias que eu queria ter feito.

Serei só eu a curtir essa dor?

Quase ninguém faz quase nada de tudo aquilo que eu disse que os chimpanzés fazem. Falo do agrado simples, porque também entre eles é muito nítida a separação entre coito (só no cio, poucos dias por ano) e catação (três horas por dia). A catação do chimpanzé não acaba em coito, não. Não é excitante sexualmente, é outro mundo, é outra coisa. Esse é o ponto mais delicado de tudo que falamos até agora, principalmente no que se refere às crianças. Não escolho nenhum dos dois comportamentos, não sei qual é o pior: o silêncio total ou o abuso ostensivo.

A impressão que ficou para mim, vendo as pessoas durante a palestra, foi mais ou menos esta: quantas coisas bonitas e quantas coisas impossíveis. Tudo isso é muito plausível, é inspirador, é lindo, seria uma nova humanidade, mas quem é que vai chegar até lá? Creio que há muitas pessoas experimentando sentimentos parecidos com esses.

Meditando nessa melancolia, lembrei-me de alguns fatos animadores. Muito do que dissemos em certa medida está acontecendo, ou já existem precondições numerosas facilitando essa vida nova.

Vou começar de longe. Nasci em 1920, creio ter nascido na hora certa, quando a sociedade, movida pelo desenvolvimento acelerado da tecnologia e pelas mudanças sociais dela decorrentes, passou a experimentar grandes mudanças também nos costumes e relacionamentos pessoais. Vejam, até então as pessoas tinham muito pouco o que fazer na vida em matéria de variedade. Cuidar da casa e dos filhos – vários! – já era tarefa considerável para mães que não tinham outros afazeres a não ser, talvez, uma troca de fofocas com a vizinha de vez em quando. Em 1920, não havia rádio nem revista, e, quando aparecia uma, passava pelas mãos da cidade inteira. Jornal, só um, uma vez por semana (em Santo André). Em 1930, havia uma emissora de rádio em São Paulo, que "irradiava" seis horas por dia e mais nada. Quando passava um teco-teco pela cidade, todo mundo saía à rua para ver, todo mundo se entreolhava, pensando: "Olhe, ele voa!"

Gente, isso no início do século XX!

Não havia muitas distrações disponíveis nem muita alternativa profissional ou até pessoal. Não havia vitrola – vitrola era aquela caixa de música de dar corda com manivelas, com alto-falante em forma de campânula gigante! Música? O sanfoneiro mais o violeiro da terra, que tocavam nos bailes. Nos grandes feriados, a banda da terra saía e todo mundo ficava vendo a banda passar, um grande divertimento onde não havia nenhum outro. Havia os bailinhos para gente mais moça; para gente mais madura, e para todos, as quermesses. Mas a vida era simples e não havia oportunidades de aventura...

Hoje em dia existe uma multiplicação fantástica de possibilidades e de interesses. Se você gostar de música, pode se esbaldar com aparelhos de som, do tipo que você quiser, ao preço que você puder pagar. Nas lojas de CDs, músicas de todos os países, para todos os gostos, você pode até se especializar em música tibetana, se quiser. Procure que você acha. Todo mundo diz que a produção em série criou a massificação – a uniformidade dos gostos. Mas, se você abrir os olhos, verá que essa massificação da produção trouxe uma espantosa variedade de escolha absolutamente inimaginável décadas atrás.

Além da variedade cultural, você tem a facilidade de transporte, de automóvel, moto, ônibus, trem, avião. Você pode ir rapidamente para vários lugares – coisa que antigamente era difícil. Você ficava no seu lugar porque não era fácil sair, carro era uma raridade, custava caríssimo, muito pouca gente tinha, e então as pessoas eram obrigadas a ficar em casa. Telefone era um objeto do qual os antigos se aproximavam até com certo receio.

Hoje temos material sobre qualquer assunto em abundância e a qualquer preço. Livros, nem se fala. E centenas de revistas. Bastam esses exemplos para mostrar as enormes possibilidades de vida e de desenvolvimento que existem hoje e há 50 anos não existiam. A família era o centro da vida das pessoas, e a profissão do marido era o sol em torno do qual giravam todas as coisas.

Mas hoje não é nada disso, crianças de 5 anos já brincam com videogames, e o pai fica meio bobo e não consegue mexer com aquilo tão bem quanto a criança. Os menores têm também uma variedade incrível de oportunidades, sempre ligadas à comunicação e ao transporte fácil, que permite estar numa série de lugares, encontrar muita gente, fazer diversas coisas. Uma das estatísticas disponíveis que talvez seja representativa do que acontece na maior parte das grandes cidades diz que é muito grande o número de adultos que vivem sozinhos – 30% da população adulta dos Estados Unidos. Sem contar que desde muito cedo as crianças saem de casa, vão a clubes, praticam esportes, saem com um bando de amigos, vão à escola, ao parque de diversões, cinema, teatro...

Em suma, para qualquer faixa etária existe uma diversidade de interesses mais ou menos fáceis de satisfazer e ao alcance de quase todos.

No mínimo dos mínimos, há a televisão, a instituição mais fundamental do nosso mundo: ela permite e convida todos para que estejam em todos os lugares do mundo, sabendo de tudo que acontece.

TV – A FOFOQUEIRA MÁXIMA

No meu tempo eu lia livros de aventuras na África e ficava fascinado pela China, tudo muito distante, misterioso. Eram países distantes acessíveis apenas pelos romances, às vezes por uma fotografia num jornal. Hoje em dia você passeia pela China, pela Índia, pela África, a mídia eletrônica mostra a tribo e tudo que há para ver. As pessoas, hoje, ao contrário do que dizem alguns intelectuais limitados, são infinitamente mais cultas e inteligentes do que eram no meu tempo – sem a menor sombra de dúvida. Os detratores da televisão dizem que ela tem programas horríveis. Tem – demais. Tem toda a mistura que se possa querer, mas ela traz o mundo para dentro de casa, o mundo como ele é.

Um dos erros mais mortíferos – e antigos – da humanidade é o de se acreditar muito melhor do que é. Sofremos coletivamente de um idealismo absurdo: "Sou um ótimo pai", "Sou um grande profissional", "Eu sei tudo", "Eu controlo", "Eu domino" (nada é dito com essa clareza, mas essas convicções estão implícitas nas atitudes e nas poses das pessoas). Há uma discordância fantástica entre o que se diz e o que se faz.

Então, há grande número de pessoas vivendo isoladas, e os universitários têm pruridos de viver sozinhos, de morar com um companheiro ou de alugar um apartamento com dois ou três amigos. Isso é banal na cidade grande, acontece a toda hora; filhos que saem de cidades menores do interior e vão estudar na metrópole mudam completamente de vida. Todos esses fatos estão alterando profundamente nossa vida pessoal e a vida da família, que nem de longe poderá continuar a ser o que foi no passado.

Cada vez mais se torna claro em ciência e cada vez mais se vive na prática isso de que nada está parado, de que não há nada fixo ou "eterno", que tudo se move, tudo se transforma. Não existem coisas, só acontecimentos. Recordo-me de um exótico professor de física, no ginásio, 60 anos atrás. Um dia, ele entrou na sala, passeou um pouco para lá e para cá, em silêncio. Depois se aproximou de uma carteira, olhou bem para o aluno e deu um murro violento no tampo dela. Após um silêncio dramático, fez pose e disse: "Você pensa que isto existe? Tsc, tsc. É só vazio".

O centro do átomo é uma cabeça de alfinete situada no centro do Maracanã. A "matéria densa", espessa, consistente, é isso! Só vazio. Era isso que ele queria dizer para nós. Vocês sabem que toda a física avançou nesse caminho de noções alucinantes. A astrofísica, a biologia molecular e a teoria da evolução contribuíram poderosamente para a noção "tudo é transformação".

O que se fez de científico neste século é muitas mil vezes mais do que tudo que se fez antes na história da humanidade. Hoje em dia publica-se no mundo uma nova revista por minuto. Muitos não farão ideia disso, da fantástica produção científica do mundo inteiro, sem contar a literária, artística, sobre teatro, dança e tudo mais.

O mundo ficou infinitamente mais rico e tudo está ficando infinitamente mais próximo da maioria.

COMO A FAMÍLIA PODERÁ CONTINUAR A SER AQUELE CALHAMBEQUE VELHO NO CENTRO DA ESPAÇONAVE?

Aliás, no famoso filme *2001: Uma odisseia no espaço*, fiquei estarrecido – e apavorado – quando vi aquele foguete interplanetário supertecnológico tendo, no seu controle, um tremendo sargentão do exército. E mais, lá não sei onde, no espaço remoto, a tocante cerimônia do Merry Christmas pra vovozinha aqui na Terra.

Isso é 2001 – ou isso é 1901?

Digo que essa aceleração das coisas tem seu equivalente na aceleração das relações pessoais. A expressão é ambígua, mas precisamos aprender a nos aproveitar mais depressa das situações. Não podemos ficar esperando horas e horas, todo dia, dia sim, dia não, meses, pra chegar, pra namorar, pra casar, pra ter filho, não pode mais, não tem mais jeito, simplesmente. No meu primeiro casamento fiz bodas de prata. Vinte e cinco anos de casado! Imagine se hoje dá pra fazer isso! Só para os que são do meu tempo (risos). Mas a rapaziada e os que estão nascendo hoje com toda certeza não farão nada disso.

Hoje você pode brincar com sua mãe, dizendo: "Não me aborreça, você é uma supermãe, vê se se corrige!" Imagine se no meu tempo você poderia dizer isso à mãe! A cidade inteira saberia – e condenaria você. Tudo está mudando muito e esse encruamento da noção de família é perigoso, como seria perigoso aquele sargentão do exército americano no controle de um foguete interplanetário.

Temos de crescer também na amplidão do pensamento e do controle da consciência, da responsabilidade e da cooperação; caso contrário, seremos levados de roldão, sem saber pra onde – o que está acontecendo com a maioria das pessoas.

Muito pouco senso de rumo nas pessoas, o que nos leva outra vez para a educação. Não sei o que os pais têm a ensinar aos filhos, hoje. A cooperação é mais plausível, e se os pais tiverem juízo talvez ouçam ou troquem com os filhos, em vez de querer ensinar a eles. Está havendo uma verdadeira inversão pedagógica. Nas linhas mais avançadas da educação se diz exatamente isto: é preciso aceitar que a criança nos eduque, ou seja, fazer aquilo que serve pra ela, e não aquilo que eu acho bom; aprender com ela quando escolhe, em vez de lhe impor meus maus costumes, como tem sido até hoje.

Esse é o panorama atual.

MESTRE É QUEM SABE APRENDER

No início do século XX, não havia divórcio. Só separação, e os separados eram poucos e bem conhecidos da cidade inteira. A mulher separada tinha a má fama de ser mulher fácil. Como ela não tinha seu homem, qualquer um podia chegar – afinal, ela não era mais virgem e não era de ninguém... Hoje em dia você vai a uma escola e descobre: metade da turma tem pais separados. No meu tempo, se soubessem de um amante, nossa mãe! A cidade inteira fazia você de Judas, verbal, mental ou até fisicamente. Hoje em dia todas essas cenas estão muito amansadas.

O mais estranho de tudo é ver tanta gente, ainda hoje, propagando o anacrônico discurso do velho casamento, fiel até a morte e juntos a vida inteira.

Então, é hora de tentar coisas, hoje é mais fácil. E os outros? E os preconceitos? Tudo isso está se atenuando, particularmente na grande cidade, uma Babel onde você pode fazer o que quiser e não precisa nem ser muito esperto para não ser apanhado. Aliás, quase ninguém está muito interessado em você... É na Babel, ainda, que você encontra o que quiser, por mais louco, perverso ou absurdo que seja. Então, minha gente, não é pra desanimar tanto assim, viu? O mundo está muito melhor pra tentar essas coisas, e podemos continuar até como está, mas seria bem melhor se as duplas que se encontram melhorassem um pouco o desempenho recíproco. A dificuldade maior é essa. Porque encontrar, encontra; esconder dos outros, esconde. Namorado, tem. Meu receio é que essas facilidades não estejam sendo bem aproveitadas, justamente por força desses preconceitos arraigados que ainda estão aí. Então, nem aquilo que está aí nós aproveitamos; surge a culpa, entram o medo, o receio, a frustração.

RISCO É VIDA

Quando você está correndo risco, o cérebro se acende; quando você entra numa vida muito garantida e estável, o cérebro se apaga. Lembra a historinha das crianças que morriam por falta de estímulo? E dos animais que se sentem mal por falta de novos relacionamentos? Quando se entra em regime automático de vida, não se tem consciência de estar vivo, de quem é o outro, de coisa nenhuma. Você é um autêntico autômato. Você se tornou um morto-vivo, expressão muito comum; gosto, também, desta outra: você é um normopata. Você sofre da doença oficial do seu sistema e do seu mundo – você é normal!

É preciso dizer mais sobre a infidelidade, tema que aparece três vezes por semana na televisão, cinco vezes por semana em revistas. Sempre aquela eterna bobagem: pode ou não pode, deve ou não deve. Existe desde que a sociedade surgiu e ainda continuam a dizer que não fica bem. Não fica bem, percebem? Não se deve, dez mil anos e não se deve, e continua aí, parece realmente conselho de mãe, não é? Não pode, não pode, não pode. Mas continua fazendo, fazendo, fazendo. Então pare de dizer "não pode"! Está falando o quê? Para quem?

Há muitas pessoas – e várias estão presentes! – que me fazem lembrar uma certa senhora. Após uma palestra sobre amor e sexo, ela aproxima-se depois da conversa e diz: "Ah, Gaiarsa! Você diz coisas tão bonitas. Quando todo mundo fizer assim, aí eu deixo a minha filha fazer". Você terá de ser puxa-fila, minha cara, ou vai continuar aguentando. Não tem boa saída para essa encrenca. Ou você corre risco ou fica no lugar.

Pergunta – Olha, doutor Gaiarsa, eu estou dizendo no geral.

Gaiarsa – Olhe, o geral não interessa a você. Os homens são uma multidão de homens; pra ser mais ou menos exato, são 70 milhões de homens no Brasil. Você procure um que seja mais decente, compreensivo e inteligente, em vez de ficar presa àqueles que não têm jeito. Estatística não serve para ninguém. Se eu vou ser operado do estômago, não me importa a mínima saber que 3% morrem. A única coisa que eu quero saber é se eu sou um desses três ou não, e isso a estatística não pode me dizer. Esse é o problema do indivíduo; você nunca tem certeza. E você tem de aprender a correr riscos. Um dos livros mais bonitos que li na vida chama-se *A sabedoria da insegurança*, de Alan Watts. Em vez de você querer viver garantida e segura, vá, enfrente, se solte... aconteça o que acontecer. Ao menos você vai sentir que está viva, ao passo que, de outro lado, você pode ter toda a certeza do mundo de estar morrendo depressa, corporal, espiritual, emocional e afetivamente.

Então, você quer ficar boazinha? Sinto muito.

Eu dizia ontem, de passagem, que o conservador nunca considera precária a própria posição: "Olhe aquela lá, o que ela fez! E casada, tem filhos, ela não devia!" Mas essa santa mãe fofoqueira não percebe a desgraça, a frustração, a vitimização e a amargura que está vivendo. Ela não se dá conta porque a desgraça é coletiva – é o "normal".

A palavra "segurança" tem sentidos ocultos. Gosto – estou seguro, estou segurando, estou me segurando, o que me leva para o agarrado, que somos todos nós. As pessoas vivem agarradas como ostras. À família, ao pai, ao dinheiro, à profissão, à religião. As pessoas vivem agarradas. Quando estou agarrada, vou aonde me leva meu "galho" e não aonde eu quero. Para ir aonde quero, tenho de desistir da segurança e ficar sobre duas pernas, mal equilibrado e podendo cair. Quem está livre está solto, instável e periclitante. Essa é a liberdade de verdade. A outra é só de palavras.

Então aí está: a nova vida não é tão impossível assim. Posso até pensar que ela é necessária! O risco caiu consideravelmente, se você abrir os olhos para ver o que está acontecendo em volta. Digamos, o risco que hoje você correria tendo um amante não pode ser comparado com o de uma mulher que fizesse a mesma coisa há 50 anos. Principalmente nas cidades grandes.

Pergunta – Dr. Gaiarsa, a mulher, depois dos 50 anos, tem dois preconceitos, não é? É velha e indecente...

Gaiarsa – O problema maior é – me entenda bem – a velha indecente que você tem na cabeça, e não aquela de que os outros falam. Hoje, se um homem matar uma mulher por "desonra", o país inteiro, todos os meios de comunicação vão pra cima dele. No meu tempo "lavar a honra" era o óbvio. O homem tinha de fazer assim, e se não fizesse ficava ele na boca do povo. O caso é extremo, mas explica bem a diferença.

A televisão hoje nos oferece uma montanha de relacionamentos amorosos, aliás, no meu julgamento, de excelente qualidade. Há amores que vão variando. Às vezes ama, depois deixa de amar, começa a amar outro, encontra mais um. Não se esqueça disso: quem forma opinião hoje em dia é, em 80% dos casos, a televisão. Se está na televisão, pode, se apareceu lá, todo mundo começa a falar e em certa medida passa a aceitar. Eles estão puxando a fila, acabou o tempo da Janete Clair – aquele horror! Acabou o tempo da novela com a família anacrônica, primária, mentirosa até o fim! As novelas de hoje mostram relacionamentos bem mais francos e sinceros.

No meu tempo, como era a visita? No meu tempo de menino, tínhamos a sala de visitas na casa; não era usada, mobília bonita, enfeitadinha, sempre fechada. Pela manhã, abria-se um pouquinho a janela para arejar e logo se fechava. Quando havia visita, então era lá. A visita era quase sempre um desespero. "Nossa, chegou aquela família, que horror. Agora tenho de sentar lá e ficar ouvindo durante três horas." Porque fulano operou o fígado, levou 30 pontos; porque outra teve um filhinho, coitada, demorou 45 horas para dar à luz; casou aquele outro. E não saía disso. Separar, nunca. Casou, batizou, enterrou, morreu, viveu, operou. E acabou. Vocês não imaginam como era entediante a conversa antiga. Hoje, se você conversa sobre novela com alguém, você toma posição diante de questões humanas importantes, a favor ou contra, você se entusiasma, tá certo, tá errado; é homossexual, não é; casa, não casa; é amante, não é amante; pode, não pode; deve, não deve. Além da novela, mil mesas-redondas, reportagens e entrevistas. Elas também, pouco a pouco, estão abrindo a cabeça das pessoas, por menos que se queira. Então, está na hora de aproveitar a onda (risos).

A universidade é tão reacionária e retardatária quanto a família. Toda grande instituição é meio bicho pré-histórico, funciona devagar.

Comecemos com um pensamento meu, do qual gosto muito:

QUEM NÃO SE ENVOLVE NÃO SE DESENVOLVE

Essa frase surgiu em minha mente porque em todas as escolas de psicologia do Brasil, com certeza, e do mundo, provavelmente, se diz: o pecado do terapeuta é se envolver com o paciente. Não sei o que quer dizer essa frase. Se estou com o cliente, uma ou duas vezes por semana, 40-50 minutos de conversa íntima, tão honesta quanto possível, frente a frente durante meses – até anos –, como é que eu posso não me envolver com essa pessoa?

Quer me enganar que eu fico um ano exposto à influência de alguém e comigo não acontecerá nada? Se você tomar as palavras ao pé da letra, "Não se envolva", é o que acabamos de dizer; mas há um sentido oculto e nunca explicitado: "Não transe com a paciente" (compromete a profissão!), o que é outro sinal de uma grosseria sem tamanho do nosso mundo machista, de uma sexualidade de troglodita. Nesse contexto, o que se poderia pensar com mais proveito seria: existem mil tipos de envolvimento; vamos tentar estudá-los, descrevê-los, avaliá-los. Essa seria uma tarefa interessante a ser tentada no lugar da idiotice padrão e sem sentido: não se envolva.

Acrescento: seria ótimo estudar o que acontece com os dois, nos muitos tipos possíveis de envolvimento. Mais humano, mais decente e honesto.

PORQUE O MAIS DIFÍCIL NINGUÉM FALA: COMO SE FAZ PARA NÃO SE ENVOLVER?

Outra frase muito repetida em paralelo com esta: "Você só pode amar os outros depois que ama a si mesmo". Oh! Maravilha! Como é que eu faço pra amar a mim mesmo? Vou chegar diante do espelho: "Zezinho, você é o máximo, que coroa enxuto, meu Deus do céu! Tô apaixonado".

Como é que se faz para aprender a se amar – que alguém me explique isso antes de dizer aquela frase porque a minha convicção é exatamente contrária: eu me amo na exata medida em que fui amado, e da exata maneira como fui amado – e de nenhuma outra.

Só sei me amar como fui amado; se fui bem-amado, glória aos céus pela grande mãe que eu tive, ou pela grande namorada.

Se fui mal-amado, só encontrando e cultivando melhores amores poderei me amar melhor.

Pensem bem – é bem parecido com o "Não se envolva" (só se envolva quando você estiver bem desenvolvido autisticamente).

Outra frase tola, da mesma... família: "As mulheres sabem amar muito mais ou muito melhor do que os homens". Desculpem, sabem amar coisa alguma. Se não tenho a quem amar, não aprendo a amar – e ninguém nasce sabendo amar. Algumas pessoas têm mais facilidade, pra outras é mais difícil, mas ninguém nasce sabendo amar. Com sorte, vamos aprendendo. Portanto, as mulheres que se queixam de não achar homens adequados fariam bem se percebessem que elas tampouco sabem amar. Talvez com os filhos se possa aprender. É um pouco mais fácil, estão aí, estão presentes. Criança tantas vezes é bonita, viva, afetuosa, surpreendente...

Mas, vamos repetir, amor por uma criança é uma coisa, amor por um adulto tem suas diferenças. Então, se as mães disserem que sabem amar criança, posso até acreditar. Mas, sem um homem para aprender a amar junto, uma mulher não aprende a amar. Sozinha, muito menos. Por essas e outras, ando cético com a psicoterapia.

Ela promete muito e cumpre pouco, é muito incerta, é longa e cara. As próprias escolas de psicologia estão reafirmando e justificando toda a nossa péssima maneira de nos relacionar e de viver (não se envolva). Alguns autores, talvez os mais bem-intencionados, nos dizem que a boa psicoterapia é um aprendizado de amor. Gosto dessa descrição, acho plausível, mas, ao mesmo tempo que se diz assim, a prática diz o contrário. Esta é a frase mais usada em psicoterapia: "É tudo com você. Você só vê em mim o que está em você".

Falsa: o que se sente, se vê e se compreende *é a relação entre nós dois*.

Onde o terapeuta vai aprender a amar? Fora do consultório. Ora, estamos mostrando que o amor aqui fora é uma droga tão ruim que torna as pessoas neuróticas! E então?

Desenvolver tem um duplo sentido que me fascina, porque, vejam, desenvolver é desabrochar, expandir, crescer; mas desenvolver é também desfazer um envolvimento – percebem?

No aprendizado amoroso, um grande avanço é saber se envolver quando dá e se desenvolver (afastar-se) quando não dá. Esse é quase o segredo da vida emocional. Se você vai ganhando finura nesses dois passos, sua vida emocional se expande e se aprofunda.

DUAS HISTÓRIAS EDIFICANTES

Mais dois dados interessantes. Numa conversa parecida com esta, com estudantes de psicologia de uma faculdade em São Paulo, um rapaz levanta-se e diz: "É isso aí, Gaiarsa. Nosso professor de psicoterapia, na primeira aula, disse o seguinte: 'A coisa mais difícil do terapeuta é esconder os próprios sentimentos'". Essa é demais: o terapeuta se orgulha de sua competência em desmascarar o paciente – e para isso começa afivelando uma máscara (profissional) no rosto. Além de imoral, é inútil, porque ninguém engana ninguém sobre o que está sentindo.

Segundo: fiz supervisão com duas psicólogas maduras, experientes e inteligentes – durante pouco tempo. Elas já haviam feito supervisão com outros (no nosso mundo profissional isso é mais ou menos comum). As duas me disseram a mesma coisa: "Olhe, Gaiarsa, quando eu dizia ou mostrava ao supervisor meu interesse por um paciente, ele dizia: 'Mande pra outro'".

Os especialistas da consciência são tão inconscientes quanto as demais pessoas. À primeira vista, alguém diria até que o conselho tem certo senso. Mas vamos examinar o negativo – nisso sou especialista. Se qualquer pessoa que me toca ou interessa mando pra outro, só vou cuidar de quem não me importa.

Primeiro lugar: se você não está ligado, nada acontece; você não tem envolvimento nem desenvolvimento.

Segundo: o problema da atenção é difícil. Manter-me concentrado em um assunto que não me interessa é uma tarefa que só faço recebendo muito bem em dólares. E mesmo assim... Não seria também por isso que Freud se colocava atrás do paciente? Se não estamos ligados, nada acontece entre nós. Sem troca de influências, ninguém sai mudado em nada – como bem dizia mestre Jung.

A última desumanidade de uma psicologia que na prática nega o amor é esse primor de inconsciência: "Você não pode influir sobre o paciente, você é terapeuta!" Você acha que o paciente está me pagando pra quê? Óbvia, clara e evidentemente para que eu influa sobre ele. Mas os fariseus se salvam com palavras. O que eu dou ao infeliz é "ajuda", e ajuda não é influência – entendeu?

Aí têm vocês um pequeno panorama, insisto, da ciência do humano, da ciência das relações pessoais; teoricamente, da ciência do amor. O terapeuta, antes de se empenhar, se protege e se reserva, e fica acusando o outro disso e daquilo. Perdão: ele não acusa – ele aponta (qual é a diferença?). Mas se acuso o outro de fazer o que também faço – e também disfarço! – não sei que espécie de influência estou exercendo.

Por tudo isso, vemos até que ponto a academia, ao estudar o relacionamento humano, caiu em todas as negações do amor, do sexo (e da raiva) que estivemos examinando até agora.

Distância, altura, separação, julgamento persistente e negativo do outro. Dirão que sua verdade é científica – é a melhor desculpa que conheço. Hoje em dia as pessoas têm certa atitude de pasmo perante a ciência.

Estou um pouco mais por dentro, e sei até que ponto ela é humana e desumana, o quanto diz coisas ótimas e coisas descabidas, estúpidas, o quanto acerta e erra – como qualquer outra ideologia.

Essa de que "a minha experiência" ou "a minha ciência diz" qualquer um pode dizer a qualquer hora para justificar qualquer coisa.

Darei um passo a mais: acredito que os homens estejam num curso de destruição e que a espécie humana é inviável. Nos nossos dez mil anos de história jamais existiu um ano de paz, o que houve foi só opressão interminável e exploração sem limites. Qualquer chefete imbecil reúne um grupinho de bananas com armas e vai roubar o outro, vai ser o grande, vai libertar os povos em nome de Deus e vai salvar a todos. Essa história – que é a nossa – dá nojo e náuseas, pela repetição interminável de todos os poderosos que provocaram a mesma catástrofe em todos os tempos...

NOSSA HISTÓRIA DA HUMANIDADE É UMA HISTÓRIA DE DESUMANIDADES

O que nós mais precisamos no mundo é aprender a amar; aprender porque ninguém sabe, e não há jeito de saber sozinho.

E vem essa ciência absurda e diz "Não se envolva", não tenha relação pessoal, fique de longe, esconda cuidadosamente o que você aponta nele.

Comadres fofoqueiras. Como é que se pode separar essas coisas aqui dentro, se é pessoal, se é profissional, se não é? Só palavras e palavras sem sentido.

Vejam vocês que o mal é profundo, confirmando certo desânimo das pessoas, aqui, quando ouviram coisas boas, difíceis de fazer. O mal de fato invadiu a academia, mesmo quando os cientistas afirmam estar apoiados no "consenso da comunidade científica" (da minha comunidade – do meu bairro científico).

Era isso, então, o que faltava acrescentar. Primeiro, a grande oportunidade; o mundo está mais fácil para fazermos o que nos parece melhor.

Quero examinar um efeito curioso da propaganda. Todas elas dizem: "Você é muito importante para mim", "Fique com a gente", "Você é tudo para nós", "Fique aqui", "Olhe este artigo, é maravilhoso – você merece", "Você é ótimo". Isso está sendo dito centenas de vezes por dia na televisão, para todos os que estiverem diante dela. Vocês pensam que isso não tem efeito? Hoje encontro um operário e ele me olha nos olhos; no meu tempo de moleque ele olhava para baixo. Sabe a diferença? As pessoas estão ganhando certa noção de que são importantes e estão aprendendo a se fazer respeitar, em boa parte, por causa dessa propaganda. Você pensa que esse levante das massas que ocorreu pela primeira vez na história do mundo nada tem que ver com a propaganda comercial da TV? Logo que a Rússia entregou os pontos, quatro ou cinco "revoluções" foram feitas pacificamente com passeatas, isto é, o povo começava a perceber, a ter consciência da força que tem.

Outro dado sobre um efeito subliminar da TV que está contribuindo poderosamente para afrouxar todos os preconceitos. Dou como exemplo um concerto de orquestra sinfônica. Se eu for ao teatro, sentarei numa cadeira e verei o espetáculo inteirinho desse ângulo e dessa distância – e acabou. No teatro há seis ou mais câmeras para mostrar o concerto, e se eu estiver em casa assistirei ao espetáculo de vários ângulos diferentes. Cada vez que entra um instrumento ele é focado; quando a música está numa cadência gostosa, a câmera começa a percorrer todos os executantes; quando entra num *grand finale*, ela recua e me mostra toda a tela; quando entra num solo, ela desce e vai buscar o solista. Num jogo de futebol, é a mesma coisa. Para qualquer espetáculo é assim.

A TELEVISÃO MOSTRA A "REALIDADE" DE MUITOS ÂNGULOS E DE MUITAS DISTÂNCIAS

As pessoas não percebem: o preconceito é o contrário disso: preconceito é uma frase simples que pretende dizer "tudo" ou dizer "a verdade" sobre certas relações e situações pessoais. Um só ângulo e uma só distância!

Estamos aprendendo que existem mil maneiras de dizer cada verdade, mil ângulos para examinar as coisas, mil distâncias para se colocar em relação a elas. Nada disso é dito explicitamente na televisão, mas tudo está chegando a nós de acordo com a famosa frase de McLuhan: "O meio é a mensagem". No começo do século só havia uma opinião sobre tantas questões humanas, a do poderoso, do pai ou da mãe, do professor, da autoridade...

Então, minha gente, o problema é aproveitar o mundo como ele está agora, com inconvenientes seriíssimos, mas excelentes oportunidades para os indivíduos se virarem melhor. Não fiquem tão desanimados como saíram ontem daqui...

4
AMOR E DESENVOLVIMENTO PESSOAL

Vamos abordar um tema de que eu gosto demais. Essa ideia me surgiu lendo e olhando as belas figuras de um excelente livro de história. Vamos tomar como exemplo a construção de uma pirâmide, digamos, a de Queóps, em grego (Kufu, em egípcio), a maior de todas. Aquela montanha geométrica de pedra levou 20 anos para ser edificada. Dezenas de milhares de operários, de escravos, fosse lá o que fosse, trabalhando. Todos tinham um mínimo de vestimenta, de comida, de repouso, de lugar para estar quando não estivessem trabalhando. Era preciso uma logística incrível para organizar esse número gigantesco de pessoas, trabalhando juntas num processo e num projeto comum, em que o esforço de cada um tinha de se coordenar com os esforços de todos os outros.

Grande sabedoria do faraó Queóps: povo mantido unido na edificação de uma grande tarefa é um povo pacífico e quase feliz. É trabalho de base; o mutirão – o vamos fazer juntos! – é uma das boas coisas da humanidade, principalmente dos homens. Você sabe que os primitivos faziam quase tudo juntos, cantando e dançando. As músicas folclóricas africanas são incríveis e o sincronismo entre as músicas e as atividades cotidianas é lindo de ver.

Dizem os historiadores que Queóps, o faraó, desejoso de mostrar ao mundo sua grandeza e a força do seu deus, mandou construir esse gigantesco monumento de pedra e foi lembrado por muitos séculos – porque ele está lá ainda hoje.

O PODER DIVINO DA COOPERAÇÃO HUMANA

Esse é o relato habitual. Meu relato é muito diferente desse. É dizer: vejam, quando os homens começam ou conseguem cooperar, fazem coisas divinas. Pode ser dito da pirâmide como de um Boeing, de uma emissora de televisão, de um sistema filosófico, de uma teoria científica, de um conjunto de técnicas de desenvolvimento pessoal. São feitos por milhares de pessoas que funcionam cooperativamente. Toda empresa é um conjunto organizado de atividades humanas, e tudo que é produzido no nosso mundo é fruto dessa cooperação. Isso é divino, e seria bom se os homens descobrissem que, se aprendessem a cooperar como já fazem e já fizeram, e se o fizessem com mais consciência, boa vontade e amor, sairíamos da galáxia.

Até hoje a cooperação humana – que sempre existiu – foi conseguida de vários modos, um pior do que o outro. O primeiro e o mais fundamental era usar o escravo ou o prisioneiro de guerra, forçado a trabalhar pelo capataz e sob chicote, sofrendo ameaça contínua de morte. Cooperação compulsória, opressiva, exploradora, no pior sentido da palavra.

Surgiu depois a cooperação voluntária de dois ou mais, que é o contrato, reino do jurídico.

Em nosso contexto, penso na possibilidade de cooperação amorosa – limite e ideal de humanidade e, ao mesmo tempo, processo e instrumento de humanização. Até hoje essa cooperação amorosa existiu em pequenos grupos, mas pouco existe a boa vontade de todos em fazer aquilo que é bom para todos.

Bem ao contrário, há milênios vivemos nos torturando e matando numa competição implacável e cruel. É uma regra tão clara esse "amai-vos uns aos outros". Antes de mais nada, uma bela regra prática, altamente operante se conseguíssemos trabalhar, produzir ou realizar tudo que queremos, cooperativamente.

Este mundo seria então uma maravilha, não sei dizer de outro jeito. O pior, outra vez, é que a coisa já existe, mas tem outra cara e outro sentido. A maioria das pessoas encara o trabalho como ruim, chato, uma maldição: "Hoje tem de trabalhar; sábado, que delícia; segunda-feira, que saco".

AMORES PERFEITOS

O trabalho é bastante escravo ainda hoje, não se tem grande liberdade de escolha nem de lugar, de hora, de gosto, de companhia.

Os livros de psicologia – outra vez, os mais medíocres, portanto os mais numerosos – batem numa tecla bem curiosa: você precisa ser adulto, maduro e independente. Lendo um livro desses, meio distraído, chega-se à conclusão de que, para ser maduro, é preciso não precisar de ninguém para nada – um autista! No entanto, desde o momento em que você se levanta até a hora em que vai dormir, tudo, tudo, tudo que você usa foi feito pelos outros.

O chinelo, a cama, o colchão, o quarto, a casa, o aparelho de som, a escova de dentes, o café, o chá... Então nós já estamos num imenso processo de cooperação! Mas meio na marra e a contragosto: a palavra "trabalho" parece derivada de "tri-palho" – o chicote de três pontas usado pelos feitores contra os escravos!

DA COOPERAÇÃO COMPULSÓRIA
PARA A SIMBIOSE AMOROSA

De novo, estamos muito perto de uma coisa muito boa, que já não está sequer perto; ela já está acontecendo há tempos, e nós não nos damos conta disso. Em vez de dizer que somos todos irmãos e que pertencemos todos a um gigantesco ecossistema em desenvolvimento, vivemos separados, meio desconfiados, competindo o tempo todo, distantes uns dos outros – triste, não é? Triste ver a coisa aí, funcionando, bastaria uma viradinha mental para ficar maravilhoso.

Vamos desenvolver mais a noção de cooperação voluntária até chegar à noção de uma simbiose amorosa – que é o objetivo último de todo nosso discurso.

Hoje os biólogos estão começando a crer que a famosa célula – o ser vivo mais simples, base de todos os animais multicelulares – é uma sociedade de bactérias diferentes, funcionalmente complementares. Elas "descobriram" que, reunidas, rendem muito mais vida do que cada uma vivendo por conta própria. As mitocôndrias, uma das organelas da célula, são com certeza bactérias altamente especializadas no aproveitamento do oxigênio. Em nosso corpo elas são a única estrutura capaz de aproveitá-lo. Se vocês tirassem todas as mitocôndrias de um camarada, ele morreria instantaneamente de asfixia, mesmo estando numa atmosfera pura de oxigênio. As mitocôndrias são quase um terço do peso do corpo, excluindo a água. Vejam: um terço do meu corpo não sou eu – ou não é meu.

PARADOXO: O QUE EM MIM NÃO SOU EU É MAIS VITAL PARA MIM DO QUE EU!

Só as mitocôndrias conseguem usar o oxigênio e com ele produzem a famosa substância chamada trifosfato de adenosina, o combustível de todos os seres aeróbios. A glicose não é usada diretamente pelo corpo, mas na síntese do trifosfato de adenosina. Pode-se pensar que a mitocôndria "infectou" a célula, mas logo ambas "descobriram" que eram muito úteis uma para a outra – mostrando no mesmo ato que certos tipos de oposição podem ser cooperativos.

Grande lição moral. Vou falar – pouco – de um dos assuntos mais difíceis do mundo: a bioquímica. A bioquímica lida com moléculas gigantescas, com milhões de átomos cuidadosamente "arrumados" no espaço. Existem até moléculas orgânicas que funcionam como micromotores (as que movem os cílios vibráteis, por exemplo). Havia muito tempo eu lia e relia esse assunto e até "sabia" muito, mas não entendia, compreendem?

MICROCOSMO CONCRETO

Em um dia feliz, encontro um livro chamado *Microcosmo*, escrito pelas bacteriologistas Lynn Margulis e Dorion Sagan (2002), que faz o elogio das bactérias. O livro mostra, em primeiro lugar, que existe uma enorme variedade – e quantidade – de bactérias e uma grande variedade de substratos (substrato é qualquer comida de bactéria). Algumas vivem até à custa de ácido sulfídrico, um ácido forte, muito tóxico para nós. Há bactérias "comendo" fragmentos atômicos na água dos reatores nucleares. As que aproveitam o ácido sulfídrico – vamos tomá-las como exemplo – eliminam substâncias que outra bactéria ingere, metaboliza, elimina. Esse "resto" é comida para outra espécie de bactéria, e assim sucessivamente. Assim, podemos compreender os chamados "ciclos metabólicos" – um dos processos mais complexos e difíceis realizados pelos seres vivos.

O que as bactérias fazem entre si nossas células fazem com as inúmeras substâncias que contêm e transformam continuamente.

Por exemplo, nós aproveitamos – decompomos – a glicose em mais de 20 etapas sucessivas. Se o organismo "queimasse" açúcar como o queimamos no fogo, queimaríamos junto! Em cada etapa do processo liberta-se um pouco de energia, que é aproveitada (para fazer trifosfato). Podemos dizer que as coisas se passam como se 20 bactérias distintas e cooperativas formassem uma "linha de desmontagem/remontagem", cada uma fazendo uma pequena parte da tarefa, ingerindo um composto e eliminando outro, aproveitado pela bactéria seguinte – 20 etapas, terminando em gás carbônico e água.

E DEPOIS EM SIMBIOSE CÓSMICA

Este é meu sonho: que a humanidade se torne uma gigantesca simbiose amorosa.

Muitos dos fatos apresentados nos permitem crer que a natureza – digamos que seja ela – vem "tentando" fazer exatamente isso.

Simbiose é a forma mais inteligente de desenvolvimento vivo.

É bem mais fácil para a natureza – digamos que seja ela – reunir dois ou mais seres já existentes e gerar um superser do que desenvolver uma espécie com todas as aptidões do mesmo superser.

Além da célula, há numerosos outros casos de simbiose.

Aliás, concluindo, cada ecossistema é um grande conjunto de seres vivos, todos necessários uns aos outros – uma simbiose!

Contudo e enfim, toda a vida da Terra é simbiótica. Altere-se uma espécie e todo o sistema mudará. Todos os seres vivos são necessários uns aos outros e todos eles – ou todos nós –, juntos, controlam a atmosfera, para que ela permaneça constante nas suas características e favorável à continuação dos fenômenos vivos.

É a hipótese "Gaia": os seres vivos começaram adaptando-se ao mundo inanimado do modo que era possível, mas hoje, poderosos, eles passaram a controlar a natureza inanimada, recriando-a para si mesmos. Por força de uma simbiose deveras poderosa.

Vou recordar o que já dissemos sobre os dois protozoários que se juntavam e trocavam DNA. Se não fizessem assim, morreriam. "Quem não se comunica se estrumbica", diria o nosso querido Chacrinha.

Ou entra em contato com os outros, ou morre sozinho. Está no fim essa teoria de que a vida é uma competição eterna, sobrevivendo o mais apto – essência do evolucionismo. Envolvendo e organizando a luta, está o grande manto amoroso da simbiose.

A TROCA – SÓ OS HUMANOS A REALIZAM

Vamos mostrar mais um dado fundamental para nosso fim, bem estabelecido pelos zoólogos, mas assaz ignorado por políticos, sociólogos, psicólogos e até pelos próprios biólogos – o que é muito estranho, pois o fato é de extrema importância para compreender a vida social.

A espécie humana é a única na qual os indivíduos fazem trocas.

Exemplo primário: vinha o pescador com cinco peixes e apareceu o caçador com três marrecos. Fizeram uma parada, trocaram olhares e pensaram: "Puxa, vou comer peixe a semana inteira, que saco"; o outro: "Três marrecos; vou até enjoar de tanto comer marreco". Diz um: "Vamos trocar?" Diz o outro: "Vamos, um marreco por dois peixes, tá?" "Tá, mas eu escolho os peixes" (risos).

Acho que desde o começo havia a esperteza do comerciante, mas também o brinquedo, o jogo e o enriquecimento mútuo.

OS DOIS GANHAVAM COM A TROCA

Só os seres humanos fazem trocas, e esse ato tão simples é o começo da sociedade e da economia – como se pode imaginar. Lembrem-se: trocas fazem simbioses. Trocando muito com muitos, reunimo-nos e nos tornamos muito mais poderosos do que se cada um vivesse por sua conta.

No mundo antigo os comerciantes viajavam para diversos lugares levando coisas daqui pra lá, coisas de lá pra cá, coisas de lá para mais longe. Vocês sabem muito bem o atrativo dos produtos importados. Era isso que o comerciante antigo fazia. Suas caravanas – bela coisa e bela palavra! – traziam produtos que aqui não havia; eram interessantes, bonitos, supérfluos, todo mundo os queria e davam *status*. Uma gostosa maneira de reunir os povos.

Se vocês pararem um pouco nesse ciclo comercial, verão que ele tem bastante semelhança com o ciclo metabólico das bactérias e da bioquímica: troca de substâncias. O que não interessa a mim interessa ao outro, o que aqui tem demais – e por isso não tem valor –, em outro lugar não tem – e por isso é muito valioso. Essa gigantesca simbiose pacífica da humanidade vem sendo realizada desde tempos imemoriais, há 40-50 mil anos. Já no paleolítico havia comerciantes e caravanas traçando rotas pelo mundo, em todas as direções, juntando todos os povos. Uma grande união muito melhor do que a da guerra.

Pelo sim, pelo não, também a guerra punha os povos em contato, mas, vocês imaginam, inteiramente em outras condições.

Acredito que a troca começou a ser feita de coisas por coisas; com o tempo, serviços por serviços e, enfim, sentimentos por sentimentos.

Hoje em dia falamos muito em cobrança, em "estou me sentindo explorado". É tão funda a semelhança que desemboca em questão delicada já examinada: se gosto de duas pessoas, então gosto metade de cada uma... Isso é puro negócio e nada tem que ver com o amor.

Vivemos tentando mostrar com argumentos e fatos que eu faço mais por você do que você por mim, esquecendo que razões não mudam sentimentos – nunca. Sentir é uma coisa, pensar é outra. Você disse uma coisa que me magoou? Você pode dar a melhor explicação do mundo. A ferida ficou e vai cicatrizar – no seu tempo. Mesmo que a explicação seja boa, veja bem. Mesmo assim não desmancha a ferida, a mágoa, a ofensa de amor-próprio, o movimento de ciúme e tudo mais.

Vamos dizer alguma coisa sobre o ciúme – já que ele apareceu e que é um dos grandes pretextos para mil cobranças afetivas.

CIÚME: O PIOR INIMIGO DOS AMORES

Para mim, dizer que ciúme é um sinal de amor, é um sacrilégio; ciúme é agressão e controle – fim.

É a mais refinada manobra de poder que conheço, porque vem com o nome mais bonito do mundo. É bem parecido com aqueles que guerreavam em nome de Deus.

O ciumento policia, maltrata, interroga, desconfia, duvida, aborrece – um horror! Eu não sei de onde nasceu a ideia de que ciúme é sinal de amor.

O pior de tudo: nenhum sentimento impediu mais a união – a simbiose – entre as pessoas do que esse maldito sentimento de ciúme, que aliás não é um só, são vários, eu acho.

Tenho notícia de uma dezena de tentativas de formação de comunidades – de simbioses – que acabaram por causa de ciúme. Osho conheceu muitas outras que tiveram o mesmo fim, pelo mesmo motivo.

Não existe sentimento mais contrário ao convívio e à cooperação do que o ciúme, que separa, controla, exige, afasta, isola e odeia – em vez de juntar. Tem tudo que ver com a posse, verdadeira tentativa de escravizar o outro.

Pelos frutos, dizia Cristo, conhecereis a árvore. Os efeitos do ciúme são invariavelmente péssimos; então ele não pode ser uma coisa boa de ângulo nenhum.

Afirmei que o ciúme são vários sentimentos – não um só. Ele tem muito de posse, de propriedade, de meu, de controle e de poder. Há outras reações e emoções, mais cabíveis, que poderíamos chamar de ciúme. Digamos, se gosto muito de uma pessoa e sei que ela está com outra, posso ficar triste. Isso eu entendo e não condeno.

Não excluo a mágoa, a perda; é triste, é doloroso, tudo isso existe e acontece. Mas ir lá, brigar, impor, exigir "por amor!" é outra história completamente diferente.

AMOR E INDIVIDUALIDADE

Voltemos agora ao contato vivo para ver até que ponto ele se relaciona com a... individualidade.

O amor é o sentimento que mais individualiza; se amo você, posso até amar outra pessoa, mas o amor que tenho por você é por você e por mais ninguém.

A outra pessoa é outro amor. É exatamente assim. Num grupo de pessoas de repente alguém prende nossos olhos. É como um *zoom* de câmera; de toda aquela massa confusa uma pessoa se destaca, vem para a frente e se faz a forma (gestalt!) daquele fundo.

É o amor à queima-roupa – olhou, gostou. Existe, é importante, é muito bom. É muito bom segui-lo. Às vezes é a maior coisa da vida, às vezes é uma emoção momentânea que não vai muito além daquilo que já foi. Há um milhão de relacionamentos diferentes – os tais envolvimentos. Se for um bom olhar amoroso, digo que já é ótimo; se for uma boa conversa e se se puder ficar mais juntinho, melhor ainda. Nem sei se é melhor ainda! Há olhares que são melhores do que um abraço. Não existe uma escala fixa para essas coisas. Outras vezes um olhar diz mais do que uma transa.

Certa ocasião, no estacionamento de um supermercado, eu usava um bonezinho meio maroto e, ao passar por um carro estacionado, meu olhar cruzou com o de um garotinho. Parei. Ficamos cinco segundos nos olhando, mas estou lembrando até hoje – imaginem! Foi um delicioso encontro de olhos que durou de cinco a seis segundos. Muito melhor do que várias transas da minha vida que foram mais ou menos, porque não estava na hora, porque não tinha o que fazer, porque, vamos lá, porque, porque, porque... Sem gosto, sem escolha, sem tesão, sem vontade. Aliás, obrigação primária de macho estúpido, não é?

Macho tem de topar qualquer uma, a qualquer hora, em qualquer lugar. É o melhor modo de não aproveitar ninguém.

Porque a seletividade é o dado primário do envolvimento amoroso. É com você, é só com você e jamais poderá ser com outra pessoa; é um momento único que, se eu aproveito, maravilha; se eu perco, tchau, nunca mais. É um risco fascinante seguir esses movimentos espontâneos da simpatia, do desejo, do gosto, do encantamento.

Gosto muito da palavra "encantamento".

Lembram a descrição ligeira que fiz do estado amoroso? Não é pura mágica ou puro milagre, do começo ao fim?

ENCANTAMENTO

Encantamento: história de criança, sim, mas lenda que está acontecendo, aqui e agora!

Creio que as escolhas amorosas têm muito que ver com uma espécie de intuição terapêutica no melhor sentido da palavra. Percebo de algum modo do que o outro precisa, ele percebe do que eu preciso. Tudo isso muito obscuramente. Não brigo com ninguém; saber por que me deixo atrair ou me interesso por essa pessoa e não por outra é uma questão difícil. Estou dando alguns palpites plausíveis, mas quem quiser pode inventar outros.

Eu dizia da outra vez que nossa couraça – o nosso jeitão – aparece, o outro vê. Ele vê não só o que tenho de forte, mas possivelmente o que tenho de fraco, mesmo que isso não apareça com clareza. Mas percebe, e, eu dizia, se ele fizer seu movimento espontâneo de carícia, mexerá em mim onde é bom que ele mexa.

Onde estou ferido, machucado, preso, duro, distante, isolado. Onde a mão amorosa vai tocando, vai amolecendo, vai comunicando, vai curando.

Primeira grande função do amor. A maioria das pessoas não sabe bem pra que serve o amor. Bonito, estado de graça, poema e tudo mais, mas depois casa e acaba. Na conversa de todo dia, está claro, ainda que implícito: se é amor mesmo, é para casar!

Creio ter feito o possível para mostrar que amor de família e amor de transformação podem e devem ser bem separados. Esses momentos de amor, esses encontros ditos fortuitos que aparecem de repente são mensagem dos deuses. Dado o envolvimento amoroso, a primeira coisa que costumamos fazer é nos distanciar logo depois, por pressentirmos: para continuar essa história vou precisar mudar de vida. No mínimo, horários. Se alguém me encanta, se eu gosto, quero ver muito, começo a encurtar horário daqui, não faço esta ginástica, não, agora não dá para ouvir música, para ler, ver TV, jogar futebol – ir à escola! Já o simples gosto de encontrar com a pessoa mais vezes e mais tempo começa a alterar a distribuição do tempo da minha vida – o que já é mudança importante, vocês sabem. Vou mudando e ela vai mudando.

OS MEUS CASAMENTOS

Tive quatro casamentos quase oficiais e mais uns poucos menos oficiais: não esqueçam, nem me chamem de sem-vergonha. Lembrem que tenho 50 anos de vida adulta, e dizer para vocês que tive dez amores em 50 anos não é nenhum recorde; é um a cada cinco anos. Acho até modesto.

Foram bem vividos, não porque eu quisesse, mas porque eu não conseguia fazer de outro modo. Anos e anos sofri do complexo de não ser machão. Nunca consegui uma aproximação amorosa ou sexual improvisada. De estar num bar, encontrar alguém na rua ou numa festinha, dançar, propor e acabar num motel. Só consegui me realizar sexualmente dentro de relacionamentos mais pessoais, mais duradouros, levando em conta o personagem, sua vida, sua história.

Insisto, eu morria de inveja do machão; não conseguia fazer o que ele fazia. Por outro lado, fui aprendendo alguns modos de amor que de fato são bons, talvez sejam melhores do que a conquista improvisada – mais superficial, meio impessoal, bastante estereotipada. Mas não vou me manifestar sobre o que não fiz. Pode ser que o relacionamento fácil e frequente seja tão bom ou melhor do que os meus – tanto que ainda me sobra um tostão de inveja...

Voltando. Quando me envolvi, pude perceber bem esse jogo de trocas que vai se desenvolvendo entre duas pessoas que se amam – enquanto se amam. Até que ponto desenvolvi qualidades que me eram necessárias, cujas sementes já estavam aí, que às vezes eu sabia, e outras vezes não sabia que tinha.

Vamos a dois ou três exemplos para ilustrar isso melhor.

Meu primeiro casamento aconteceu – entre outras coisas – para que eu aprendesse a brigar. Depois de uns dez, 12 anos de casado, tive uma fantasia curiosa que ilustrou bem a situação toda. Minha paixão pelo mito do Cavaleiro Andante é bem velha e durou muito tempo. Era uma fantasia tipo Jung. Veio como se fosse um vago sonho acordado. Eu estava na Floresta Negra, e veio o cavaleiro negro, a toda velocidade, com grande estrépito. Pulou do cavalo a uma pequena distância e veio para mim direto, com a espada em posição de ataque. Eu tinha na mão um vago projeto de espada, não era muito claro; o fato é que olhei e disse: "Não tenho nada a fazer". Me preparei estoicamente para ele me rachar ao meio. Ele parou na minha frente, levantou a viseira, era uma loira! Deu uma gargalhada enorme na minha cara, virou as costas, montou o cavalo e foi embora. Essa foi a fantasia.

Minha mulher não era loira, mas eu garanto pra vocês que essa loira era a minha mulher. Ela era rápida no gatilho, nossa! Como a querida Luizinha era veloz! Capaz de alcançar, sem pensar, a cabeça do epidídimo com um pontapé de sapatinho de bruxa. Aquele pontudinho! Com uma palavra ela me desarmava completamente; eu era argumentador, e todo argumentador é mais lento; para falar você precisa de tempo, né (risos)? O outro diz uma palavra, você... desmonta! Foi um aprendizado feroz de briga, inclusive porque os Gaiarsa tinham a tradição de ser bonzinhos. Cada qual casou com uma mulher mais difícil que a do outro! Acho até que fui quem se saiu menos mal. Porque fui aprendendo a brigar e acabei competente, se vocês querem saber. Quando é preciso, acho que consigo ser bem contundente. Me casei com enorme fé no casamento, quero insistir nisso; tinha, forte, o sonho de um casamento feliz, filhos bem--educados, muito amor em casa, tão forte esse ideal que levou mais de dez anos pra começar a enfraquecer. Mas, além desse aprendizado de briga, reforçamos um no outro coisas mais sensatas. Nunca brigamos por dinheiro. Ela cuidava das crianças, eu assumia uma parte, aprendemos um pouco do casamento tradicional, o que ele tem não de mais feliz, mas de mais necessário.

A segunda pessoa que namorei refinou muito os meus gestos no seguinte sentido: era uma pessoa nada briguenta. Muito suave no jeito, era uma moça inteligente, falava macio e, embora brigássemos algumas vezes, nunca fui capaz de gritar, acusar, de pegá-la com força. Isso é importante: mesmo durante a briga eu pegava com jeito porque de certo modo ela propunha isso; era bom, eu aceitava e aprendi muito dessa suavidade do gesto.

Além disso, ocorreram mais coisas, claro, mas estas deu pra isolar, colocar em palavras e comunicar a vocês. O que mais eu aprendi com a Deisy? Muito; vivemos uns cinco anos juntos – uma vida de ciganos. Ela aceitava qualquer condição de vida. Vivemos na casa de amigos, dormimos em cama de solteiro um tempão, dormimos numa casa que foi um lixo durante muito tempo; ela jamais fez o menor protesto sobre comida, casa, roupa, o que fosse, tudo estava bom. Grande lição indireta.

Com a terceira foi pior. Foi o meu curso superior de agressão, porque com minha primeira mulher era machado, massa de armas, espadagão daqueles grandes assim. Com a Sônia eram anzóis, agulhas e giletes (risos). A Sônia foi quem me ficou menos simpática na cabeça. Não éramos casados, vivemos juntos alguns anos, também meio soltos pra cá e pra lá, e eu ficava louco com as obrigações que ela dava como pressupostas. Tudo que eu tinha de marido – e negava – era ativado, e depois me enchia o saco ter sido, mas na hora H eu me comportava como marido devido à habilidade dela em se fazer minha esposa. É difícil dizer essas coisas, não sei se me entendem um pouco, espero que sim.

Já com minha última mulher muito se poderia dizer, porque foi um enamoramento todo elaborado entre mim e ela. Houve mil coisas; vou lembrar duas ou três.

A mais fundamental posso dizer qual é: todos nós falamos bonito de nossos costumes, convicções, posições perante o que vai acontecendo. Mas, principalmente, todos nós dizemos que fazemos um mundo de pequenas e grandes coisas que não fazemos, só falamos. A principal influência que exercemos um sobre o outro *foi cobrar tenazmente que cada um fizesse o que dizia.* Nas conversas, as pessoas se descrevem quase sempre como ótimas, dão opiniões e pareceres sobre o que acham certo ou errado. Fica pressuposto que tudo que eu digo eu faço. A realidade está muito, mas muito longe disso.

FAZEMOS BEM POUCO DO QUE DIZEMOS E DIZEMOS QUASE NADA DO QUE FAZEMOS

Essa cobrança – a meu ver, legítima – nos fez mais íntegros, mais honestos, menos divididos entre um discurso bonito e uma vida nem tanto!

Outra regra que aceitamos – os dois – em nosso convívio é esta: "Você pode fazer ou dizer para mim o que quiser, mas jamais me diga que foi sem querer. Se você fez, foi porque quis". Ou seja: nada de desculpas. Se você fez, assuma. Nada de "Eu não sabia", "Esqueci", "Não era minha intenção", "Desculpe", "Não faço mais"...

Aos poucos fomos aperfeiçoando nossas brigas – aliás, segue uma "técnica" que vale a pena tentar transmitir para vocês.

Para cultivar um bom amor é mais importante saber brigar, porque brigamos sempre mais com palavras, razões e caras – mas não com atitudes e/ou decisões.

Sabemos cobrar, sabemos ser chatos, sabemos repetir a mesma briga quinhentas vezes, mas só decidimos em última instância e forçados por emoções intensas. Em nossas brigas – várias – ficávamos separados, às vezes, poucas horas, às vezes, dias, semanas e até meses. Íamos convivendo nas horas boas, fáceis, gostosas. Em certas horas, coisas ruins começavam a se empilhar. Entrávamos no famoso dilema de casais, que pode ser caracterizado com uma frase meio crua, mas muito clara: "Ou engole, ou vomita". Vocês sabem o que é briga de casal. Sempre que ouvimos falar de uma, rimos pela bobagem, mas, na hora da briga, de bobagem ela não tem nada, é ruim, machuca, há muito azedume, muito rancor. Os pretextos podem ser tolos, isto sim, mas vão irritando. Se você fala, vomita e azeda tudo em volta. Se você engole, azeda tudo dentro.

"Quando você faz assim, não consigo deixar de me irritar; não é que eu queira me irritar, não é nem porque eu acho certo ou errado, e sim porque sou invadido – ou tomado – por emoções bem desagradáveis."

Quando começavam a se acumular nuvens negras – caras feias, voz desagradável – chegava o momento de decidir: "Assim como está eu não quero, tchau!"

"ASSIM COMO ESTÁ EU NÃO QUERO – TCHAU!"

A Lila nunca foi muito de bater boca, de ouvir e fazer acusações – um de seus melhores costumes. Ela se afastava e eu ficava falando sozinho, e hoje acho isso ótimo. A pior coisa do namoro é quando você diz palavras muito feias; difícil, depois, é curar as feridas então abertas. Ela sumia e eu ficava horas ou dias mastigando, xingando e resmungando contra ela, dizendo por dentro tudo que eu não podia dizer para fora. Depois de dias – ou semanas! – me cansava de xingar, de criticar, de achar que a culpa era dela. Ia amansando, sentindo saudade, e então voltávamos a ficar juntos.

O ponto importante dessas brigas boas é o seguinte: "Como está eu não quero, não quero mesmo, é tchau. Vá e eu fico, ou fique e eu vou, tanto faz". Dizer, convicto: "Assim, não". Mas era também muito típico do nosso namoro: mesmo nas piores brigas, se um ligava pro outro, sempre era atendido e ouvido nas primeiras frases. Ela ligava pra mim: "Como vai?", "Tá regular". Mas enquanto o tom de voz não amansava não chegávamos perto. Quando voltávamos, não era mais o velho namoro, era um novo, um outro namoro. Namorei essa mulher muitas e muitas vezes, sempre novos namoros, porque eu e ela fomos aprendendo essa "técnica". Éramos polígamos, os dois, nesse sentido peculiar. A cada briga intensa, havia um corte real, a dor da separação, a convicção de "nunca mais", a raiva das coisas que não foram ditas – tinha de tudo. Mas no intervalo nós dois amadurecíamos novas atitudes – e deixávamos velhos modos. Tais mudanças ocorriam precisamente porque obrigávamos a raiva a fermentar, em vez de desabafar.

O desabafo alivia, e no dia seguinte recomeça tudo outra vez, no mesmo velho estilo. Depois da... digestão, testávamos, olhávamos, considerávamos, temos tanto em comum, vivemos tantas horas felizes, vamos tentar outra vez. Mas não era tentar continuar o antigo, nem era tentar contratos: "Olhe, agora você promete isso, isso e isso – e então voltamos". Ninguém prometia nada a ninguém.

NÃO PROMETÍAMOS NADA

Recomeçávamos com um pouco mais de cuidado, um pouco mais de atenção, e iniciava-se um novo namoro.

Esta é uma boa briga – a que modifica um relacionamento, assim como as pessoas envolvidas.

Qual é a má briga? Duas. Isso já vai como conselho e de gorjeta, porque não faz parte do assunto. Primeiro, briga que começa, "A culpa é sua", é melhor parar aí, porque não vai levar a nada, os dois vão se machucar muito e à toa – nada vai mudar.

Como é que se faz, então? Na hora ruim espero que ainda haja um mínimo de comunicação e de franqueza entre os dois, quer dizer: "Escute, está ruim pra nós dois, tá?", "Você está infeliz e eu também", "É", "O que é que eu estou fazendo que incomoda você e o que você está fazendo que me irrita?"

Se você começa assim, alguma chance de acertar você tem. Se começar com "A culpa é sua", "Você devia", e o outro assumir imediatamente uma atitude de defesa, aí não adiantará mais nada. Os dois ficarão falando sozinhos, ou falarão para um juiz imaginário que geralmente concorda comigo...

A segunda regra é de ouro; briguem até dez vezes pelo mesmo assunto, mas depois parem! Nem que você tenha de se amordaçar, nem que você tenha de encher a boca com algodão. Não comece outra vez a briga que você já sabe direitinho como vai terminar.

É I-D-I-O-T-A!

Dizer desaforos desabafa, alivia em certa medida – isso é inegável. Mas, se você se alivia, no dia seguinte volta a aguentar todas aquelas coisas que daqui a uma semana vão fazer você brigar outra vez – do mesmo jeito. Nunca vi essa situação dita com tanta clareza, até que ponto a chamada "briga de casal" não tem nada de briga. Ela é fundamental para manter a desgraça dos dois.

Vou repetir o esquema: quando xingo, magoo, machuco, eu desabafo; no dia seguinte estou mais calminho. Mas a ferida ficou a mesma coisa. Os dois ficam machucados, mas começam outra vez a aguentar as mesmas coisas que no sábado seguinte vão determinar a próxima briga.

Então, duas regras de ouro. Primeiro: não fale "A culpa é sua".

Segundo, não brigue mais de dez vezes a mesma briga. E aí talvez a relação comece a progredir, a favorecer o desenvolvimento dos dois, em vez de se cristalizar num sistema autoalimentado de agressão recíproca.

Ou então compreendem ambos que é melhor afastar-se nem que seja só por um tempo.

É como vive mais da metade dos casais do mundo, essa hostilidade meio secreta, um querendo caçar o outro de um jeito ou de outro, terminando cada caçada sempre na mesma briga ou nas mesmas caras!

5
A BUSCA DO ESTADO AMOROSO

Há pessoas que me telefonam na TV e disparam a falar sozinhas, contando uma história dez mil vezes repetida.

Depois de repetir a briga com o companheiro durante dez anos, a briga se internaliza, e a pessoa corre o risco seriíssimo de continuar falando sozinha até o fim de seus dias. A pessoa está envenenada até o fundo da alma e convicta de que... a culpa é do outro! Embora a pessoa esteja se torturando, dizemos: "Então separa", logo vem – é fatal – "E os filhos, doutor?" (ou "E minha mãe, doutor?"). Voltamos, bem-intencionados: "Vá, já que estamos na onda, arrume outro", "Oh, doutor, imagine! Eu?", "Então mude de casa", "Mas nós acabamos de reformá-la! Está linda!"

Pergunta – Acabei de ler o livro *A carícia essencial*, de Roberto Shyniashiki, que inclusive tem um prefácio seu. O autor fala no final sobre *três* tipos de pessoas: o insaciável, o indiferente e o intocável. Ele relaciona o comportamento desses tipos com vivências da infância da pessoa. Então, depois de tudo que foi dito aqui, muitas pessoas que acreditam em tudo isso e tentam viver um relacionamento moderno, desvinculado dos conceitos de casamento, acabam se comportando como um desses tipos. Aí como é que fica? Estou querendo entender como é que se amadurece isso.

Gaiarsa – Questão difícil. Antes de mais nada, há uma convicção muito ampla na psicologia segundo a qual as determinantes básicas do caráter estão "prontas" até os 5 anos de idade e depois é muito difícil mudar. Me pergunto se é assim ou se era assim, porque estão ocorrendo grandes mudanças sociais, e quando há mudanças coletivas não sabemos se as velhas posições se manterão. A psicologia acadêmica está mofando nas universidades, enquanto proliferam as alternativas. Estas, em geral, põem as coisas em movimento, muito mais do que a acadêmica, que fica no diálogo eterno. Então, hoje, há possibilidade de você tentar mudar – já é uma coisa boa.

Mostramos que com o auxílio do outro – com o amor – muitas alterações podem se produzir.

Outra solução – verbal – é a seguinte: já que você é assim, seja assim, em vez de ficar se criticando. Parece pouca coisa, mas quando aceita seus modos – até agora condenados por você – as coisas se modificam bastante. Uma coisa é eu ser vítima, digamos, de indiferença: "Ai, meu Deus, como eu sou indiferente! O que é que eu faço com esta indiferença? Eu queria tanto chegar mais perto, mas não consigo".

A indiferença é a inimiga, você está brigando com ela. Enquanto você briga com um "pedaço" de você, o pedaço briga contra você. E dá "briga de casal" – como há pouco descrevemos. Então vou ver se chego perto da minha indiferença, se converso com ela, se faço dela minha amiga – aí a coisa pode mudar. Dê até nome à qualidade ou ao defeito. Depois vamos ver se você acha qual é a cara dela; folheie uma revista até seus olhos se deterem numa figura – que será o retrato da Joaquina, sua indiferença. Agora converse com ela.

Coisas assim, que ditas parecem ingênuas, levadas em frente com certa persistência ajudam demais. Acrescentando: usamos a palavra "eu" abusivamente e nos perdemos com isso. Vejam: "Eu peguei gripe". Você pegou coisa nenhuma, foi a gripe que pegou você: "Ah! Mas eu fiz". Eu fiz não, fui levado a fazer: "Ah! Mas eu pensei". Olhe, raramente as pessoas pensam. Elas são pensadas. Quase sempre sou levado a pensar. Colocamos um eu ativo onde não há nenhuma iniciativa própria. Somos muito mais vítimas do que senhores do que nos acontece.

PACIENTE E TERAPEUTA

Pergunta – Envolvimento do terapeuta com o paciente – queria que o senhor falasse mais sobre isso. Porque se envolver demais também não é uma coisa positiva, né? De repente ele perde um pouco a lucidez sobre os problemas do outro. Eu queria saber até que ponto pode ir esse envolvimento.

Gaiarsa – Não é até que ponto. É de que jeito. Já vi, vivi, ouvi e já participei de mil discussões sobre esse ponto. A situação tem muitos aspectos. Vamos lembrar alguns. A primeira objeção é que esses relacionamentos "não costumam dar certo". Depois de ouvir essa joia de sabedoria popular, a primeira pergunta é: escute aqui, quantos amores você conhece que deram certo, que foram maravilhosos e "viveram felizes para sempre"? Será que existiu algum? O namoro no consultório não é muito diferente do outro. Altos e baixos, acertos e desacertos. O terapeuta não é o ser superior que ele pretende ser ou que os outros esperam que ele seja, e a coitadinha da paciente, abusada e explorada na sua fragilidade, não é tão coitadinha nem tão boba como às vezes ela diz e os outros acreditam. Isso dá encrencas de namoro que têm de ser aceitas, em primeiro lugar, e depois é ver o que conseguimos fazer.

Uma boa relação terapêutica – também bom modelo de uma boa relação pessoal – é aquela em que cada um percebe e assume o que faz e o que sente; depois vamos ver o que fazemos com isso.

Outro lado: supõe-se que o terapeuta não "deva" sentir, ou que, se sentir, saberá disfarçar com perfeição seu interesse. A primeira alternativa é de um idealismo ridículo: sentimentos raramente aparecem onde deveriam; eles vêm quando vêm. Disfarçar – mascarar-se: se estou aqui para mostrar tudo que o paciente julga poder esconder, como posso eu começar a esconder? E o mais fundamental: acreditar que se podem disfarçar sentimentos é um dos preconceitos sociais mais fortes e mais falsos. Ninguém consegue disfarçar se o outro estiver atento e interessado.

Outro lado: até parece briga de casal, da qual já falamos bastante. Um dos pressupostos mais ridículos da psicologia acadêmica é igualzinho ao da esposa (ou do marido): a culpa é dele, só dele, sempre dele – do outro. Dizer que eu fiz análise didática e por isso não "me projeto" no outro é bom para se justificar perante leigos. O fato é que fazemos projeções a vida toda.

Tentar disfarçar e dizer que a culpa é do outro é o que estamos todos nós fazendo o dia inteiro, com todo mundo. Na verdade, essa é a essência da neurose coletiva. Se vou lá para fazer a mesma coisa, estou pagando muito caro à toa. Melhor continuar no cotidiano, como sempre fiz – sai bem mais barato, pelo menos.

Outro lado: supervisionei muitos profissionais e tive vários grupos de estudantes; essa questão surgia porque isso acontece a toda hora, em todos os consultórios e com todos os terapeutas do mundo.

É exatamente como o caso das relações extraconjugais. Eu gostaria de saber quantas pessoas aqui tiveram ou têm relacionamentos e quantas foram flagradas. Quase nenhuma, com certeza. É a mesma história, sempre a mesma, bem chata. O eterno problema não resolvido é a hipocrisia compulsória, o "sagrado" dever social de ser mascarado, de manter o "respeito"!!!

O conselho que daria aos meus amigos seria assim: olhe, se você tem um relacionamento padronizado, do seu jeito, como você costuma, não sei se vale a pena fazer isso no consultório. Agora, se você aceita o desafio de uma relação pessoal e vai trabalhá-la honestamente, então vá em frente, nem que acabe na cama. Agora, se ela entra nas jogadas dele, de conquistador inveterado, ou ele na dela, de sedutora crônica, os dois encenando um amor que não existe, não sei qual é a vantagem nem qual é a diferença para as "conquistas" usuais.

Outro lado: dizia mestre Freud que todo mundo está pronto a fazer transferência, o que não deixa de ser verdade. É um modo de dizer que somos todos carentes de bons contatos. Por que as clientes se encantam com o terapeuta (e os clientes com a terapeuta, também)? Em grande parte porque nossos amores são precários. Você vai a um camarada que se coloca ao seu dispor – naquela hora. Geralmente é um sujeito mais ou menos bem cuidado, simpático em certa medida, que dá atenção, que ouve, esforça-se em compreender. É claro que você vai se encantar com ele, porque os outros homens são uns chatos, não muito inteligentes e bem pouco sensíveis – além de presunçosos! Então não sei se "estou sempre pronto a fazer transferência", ou se numa situação de consultório, sendo bem tratado, me encanto, gosto, e é bom.

Essa questão não tem fim, mas por enquanto basta. O básico é: se você vai fazer como sempre fez, não sei se vale. Mas, se for um desafio, uma possibilidade nova de desenvolvimento, um encantamento lindo, aí eu diria até que é uma obrigação do terapeuta seguir – porque senão ele não se desenvolve. Negar-se a uma relação viva é negar-se a viver. Se ele não aceita o desafio do relacionamento novo, se continua encruado na posição profissional, com suas ideias quadradas e seus diagnósticos feitos, ele é um neurótico profissional, ou a sua é uma profissão neurotizante. Neurose é – entre outras coisas – rigidez de comportamento; se eu for um supertécnico sempre "dentro das regras", ou "das técnicas", sou um neurótico supertécnico. E o ponto fundamental não é nem minha neurose. O erro essencial é que parei de me desenvolver quando deixei de aceitar o desafio do outro. Dizem que é confortável, "sério", seguro e correto virar múmia – essa é a lição desde que você nasceu. Mas é por isso que o paciente nos procura.

Pergunta – Eu queria saber por que o senhor não ficou com a Lila. Ela parecia tão boazinha. Parece que o senhor ficou mais tempo com as chatas do que com as boazinhas.

Gaiarsa – Eu estou com a Lila, há 14 anos.

Pergunta – Ah! O senhor está com a Lila!

Gaiarsa – Entre nós não ocorreu uma grande paixão, nem minha nem dela. Foi um amor cuidadosamente cultivado e agora chegou a um nível quase de uma excelente amizade, com períodos suavemente coloridos e um entendimento recíproco que se aprofunda de forma lenta. Não a deixei, não, nem estou imaginando outra. Está na hora de criar juízo, vocês não acham? Afinal, tenho mais de 70 anos – tenha paciência –, onde essa camarada quer chegar (risos)?

Pergunta – O senhor falou de seu filho, que não tinha um bom relacionamento com ele, e disse isso a ele. Qual foi o resultado? O senhor acha que é esse o caminho, ou de repente criou uma rejeição nele?

Gaiarsa – É quase sempre bom dizer honestamente o que se sente, limpa o relacionamento, reduz o fingimento dos dois lados, fica inclusive mais fácil para resolver bem eventuais dificuldades. Enquanto se vive no pressuposto "É meu pai e devo amá-lo" e enquanto estou no pressuposto "Ele é meu filho e devo amá-lo", funcionamos de um jeito. Quando digo: "Olhe, sou eu e você. E a gente não se afina bem", muda completamente a perspectiva da coisa. Alivia. Deixar de fingir é muito repousante e, ao contrário, viver fingindo é muito cansativo – é preciso ficar se vigiando o tempo todo.

NENHUM AMOR DE OBRIGAÇÃO – MESMO QUE DE PAI PARA FILHO – SUPRE CARÊNCIA AFETIVA

Além do mais, o Marcos era um rapaz apreciado por muita gente.

Quem tem vários filhos sabe que, à medida que eles crescem, vai mudando a constelação afetiva. Nasce um filho, você se encanta com ele. Aos 3-4 anos, a relação fica mais distante ou mais fria. Aos 7-8 anos volta o gosto outra vez. Um, que era meio antipático, em outro período desperta afeição. Nossos sentimentos são assim, flutuantes.

Sinto amores variados também pelos filhos, conforme a época. Um dos maiores malefícios dos preconceitos familiares é exatamente este: o preconceito diz que você ama todos os filhos, a qualquer tempo, em qualquer circunstância, façam eles o que fizerem. Não é possível imaginar maior soma de exigências impossíveis – ou irreais.

Vivemos na cultura da mentira eterna. Nunca diga a verdade sobre seus sentimentos – sobretudo em família! Bem mais tarde, aliás, nos fizemos excelentes amigos.

Pergunta – Gostaria de dizer o seguinte, também sobre a questão dos filhos. Comentei ontem que cortei o cordão umbilical que a maioria das mães não quer cortar. A mãe, quando entra no papel da sogra maldita, é porque está protegendo o filho contra "aquela mulher" que ele escolheu. Nunca fui assim. Adoro minhas noras e acho os meus filhos uns chatos. Gosto das minhas noras, me dou muito bem com elas e, aliás, já tenho até duas "ex", que são minhas amigas também. Tenho três filhos homens, gosto do mais velho e do mais novo, mas, o do meio, acho um chato e já lhe disse: "Não gosto de você, você é chato, você me incomoda, e eu gosto de ficar longe de você, tá?" A gente até se fala por telefone de vez em quando – e mais nada.

Gaiarsa – De longe, tudo bem, não é?

Pergunta – Tudo bem... Não sou moderninha, nem avançada, nem liberada. Sou uma pessoa, procuro fazer as coisas de que gosto e isso incomoda muita gente, principalmente as pessoas mais próximas. Mas minha questão é sobre essa rivalidade, essa raiva, essa antipatia muito clara que as mulheres têm umas pelas outras. Eu, por exemplo, não gosto de mulher. Acho mulher um saco, elas são fofoqueiras, invejosas, briguentas, eu não gosto de mulher. E eu acho os homens maravilhosos. Ainda ontem, quando o senhor falou que tinha vergonha de ser homem, eu pensei: "Puxa, mas os homens são ótimos, eles são maravilhosos". Eu acho os homens muito melhores do que as mulheres. E, se os homens por acaso se matam, são nojentos, chatos, é porque a própria mulher os criou daquela forma, não é? Eu penso assim, e então a pergunta que quero fazer é sobre a síndrome pré-menstrual. Uma mulher está bem durante 20 dias, com muita tolerância, e durante dez dias ela vira uma megera, não é daí que surge uma série de problemas na vida da mulher?

Gaiarsa – Você tem um ponto forte aí, as mulheres brigam muito com os homens com a ideia de que eles as oprimiram, e é verdade. Mas as mulheres não saem do buraco porque de fato têm mais dificuldades em se unir do que os homens.

O PIOR INIMIGO DA MULHER É A MULHER

A última pergunta que você fez lembra a velha discussão: o que é causa e o que é efeito. A síndrome pré-menstrual é devida a um ligeiro desequilíbrio hormonal, de origem misteriosa, que deixa a mulher perturbada, inquieta, irritada? Ou a menstruação reaviva na mulher todos os fracassos e frustrações amorosas e eróticas de sua vida, tudo que ela gostaria de fazer e não fez – nem faz? Em vez de pensar tudo isso, ela sente dor lombar, dor de cabeça, tem insônia, corpo dolorido, "por causa" do hormônio. Prefiro ligar a síndrome pré-menstrual a repressões emocionais; esta, aliás, é minha posição básica diante da medicina – ou da doença. É mais fácil dizer: "A culpa é do hormônio, não posso fazer nada, não tenho responsabilidade nenhuma por isso e minha 'doença' não tem nada que ver com minha vida". É justamente isso que o médico pretende, e o paciente também: que os sintomas não tenham nada que ver com a sua vida.

Seria ótimo se a primeira pergunta do médico, após ouvir qualquer queixa, fosse: "Como é que vai sua vida? Está feliz? Está contente? O que você faz agrada a você? Você está em boa companhia? E o marido, e os filhos?"

A segunda pergunta necessária, após ouvir qualquer queixa, seria: "Por que isto (a doença) está acontecendo agora? O que houve na sua vida que perturbou você?"

Eles não fazem nada disso. Os médicos pouco ou nada ouvem. Todo o serviço está organizado para que o atendimento seja o mais rápido possível – assim ele pode atender mais gente – e ganhar mais – sem se empenhar, sem se envolver ("Não se envolva", lembram-se?). Qualquer consulta com menos de meia hora de duração é antiética. Pior ainda é a "linha de desmontagem" dos figurões que usam novatos para colher a história e pedir os exames. Depois o figurão – muitas vezes sem sequer olhar para o infeliz – faz seu pronunciamento magistral. E o infeliz ainda se sente grato!

Enfim, indecência número três: você não está aí, só o seu fígado. Você é um "problema de fígado", e em volta do seu fígado não tem mais nada, nem em volta da pessoa.

UM FÍGADO SEM CORPO E UM CORPO SEM PERSONALIDADE, SEM CIRCUNSTÂNCIA NEM CONTEXTO

Mas, diante dessa falta de ética, de espírito científico e de humanidade, o Conselho Regional de Medicina não se pronuncia. É normal. Enfim, que espécie de medicina pode se formar na vigência dessa negação teórica e prática de toda a relação e de qualquer contato se "tudo se liga a tudo", como dizem místicos e físicos... E que medicina triste, além do mais. Triste, vazia, sem sentido para o próprio médico, vejam bem. Ele pode até ganhar dinheiro, mas uma profissão exercida desse modo é infernal de ruim, não é?

Pergunta – Hoje, há dezenas de linhas de psicoterapia, e o senhor teceu várias críticas com relação, acredito, à psicoterapia verbal. Principalmente por ser incerta, longa e cara. Eu queria saber, com sua experiência de 50 anos de psicoterapia, que síntese o senhor fez, o que o senhor considera legítimo nessas linhas, enfim, o que acha hoje dessas coisas todas...

Gaiarsa – Bem, resumir 50 anos de desenvolvimento profissional não é brincadeira, mas posso tentar. Fui estudioso empenhado de psicoterapia, tenho uma boa cabeça, conheço Freud (nem tanto) e conheço bastante bem alguns de seus discípulos. Stekel, que já não é falado, mas era um grande sujeito. Adler, outro injustamente esqueci-do, o especialista em jogos de poder, muito antes da análise transacio-nal. Conheço Jung demais; Reich, nem se fala – quase decorei a *Análise do caráter*. Li e refleti tudo que produziram. Li tudo que Karen Horney escreveu – e tantos outros. Em suma, um bom embasamento sobre as ideias da psicoterapia verbal. Muita coisa simpática e interes-sante, mas aos poucos amadurecia o desânimo.

Tanto trabalho, tanta sofisticação intelectual, tanta interpretação engenhosa, tanta explicação e resposta prática tão limitada. Estoico: "Estou aqui, tenho de fazer, vivo disso, vamos em frente. Mas..."

Há cerca de um ano, mais ou menos, na certa por influência ime-diata de minha mulher e do renascimento respiratório, dei uma vira-da fundamental. (Ela é bem mais bruxa – e fada – do que cientista.) Em poucos anos fui varrendo de cima da mesa toda a minha experiên-cia passada, dizendo: "Isso não ajuda!"

Em um congresso de análise transacional, Juan J. Tapia, um homem experiente e simpático, começou sua palestra dizendo: "Nossas teorias nos ajudam bem pouco" (ele se referia à vida pessoal dos terapeutas). "Nas muitas supervisões que já fiz, notei que cada terapeuta só percebe e só lida bem com os dados que estão em corres-pondência com sua teoria..."

Vamos falar do que resolve, e não do que explica (ou complica).

A FORÇA MAIS PODEROSA QUE ATUA SOBRE AS PESSOAS É A SUGESTÃO COLETIVA

Autossugestão de um lado, sugestão coletiva de outro. Toda a neurose é uma sugestão coletiva. A noção tradicional sobre sugestão é a de que ela não passa de um ingênuo ou tolo jogo do contente. Pollyanna – que fazia assim – tornou-se modelo de criança ingênua, boa, pura – e idiota!

Pollyanna é de longe mais sábia do que Lacan, Freud ou Jung. Porque quase todos eles se propuseram "a compreender a miséria humana (a alheia e a própria). Todos morreram dessa mesma miséria humana que procuravam compreender. Pollyanna vivia seu sonho, em vez de "analisá-lo" – e vivia feliz.

Diga 50 vezes por dia (três vezes por hora): "O mundo está cada vez melhor. Estou cada dia mais equilibrado, mais amoroso e mais presente". Garanto que daqui a 15 dias já estará começando a acontecer o que você disse. A fórmula proposta é um exemplo, claro. Muitas outras – gerais ou específicas – podem ser imaginadas.

Os erros que se cometem em relação a Pollyanna são dois: primeiro, todo mundo pensa que é muito fácil lembrar de se dizer coisas boas. Isso é falso. A velha e mais do que familiar rede de pensamentos habituais toma conta de você, muito – mas MUITO – mais do que você percebe. O chamado pensamento consciente – ingenuamente tido como "o meu pensamento" – tem uma autonomia e uma tenacidade espantosas. Tente "parar" o que você chama de seu pensamento e você poderá verificar, a qualquer momento, como isso é difícil. Só mudamos esse pensamento quando a situação externa exige tal mudança. Fora disso ficamos presos na "roda" dos hindus.

"Nosso" pensamento é um encadeado férreo de compulsões sobre o qual a influência da intenção é pouco mais do que nula.

Mudo os pensamentos em um momento "porque quero", mas no momento seguinte eis-me a repetir o mesmo círculo restrito de ideias e preocupações.

Ninguém consegue fazer a "associação livre de ideias" solicitada por Freud. Quem conseguisse isso de início não precisaria de análise! Se você não sabe, pergunte a um psicanalista o número de vezes que as pessoas se repetem, se repetem, se repetem... Nove décimos do que você pensa ser seu pensamento é sugestão coletiva. O número de "pensamentos" (preconceitos) que ouvimos sobre família, desde que nascemos, é cem vezes maior do que os de Coca-Cola.

Eles entram na alma, na medula, nos ossos, à custa da repetição interminável. Sugestão coletiva é isso. Em qualquer lugar que você vá, em qualquer novela a que você assista, em qualquer livro que você leia, encontrará sempre "porque uma mãe deve", "porque viver sem família é a própria infelicidade", "porque mãe ama todos os filhos igualmente", "porque o pai sempre sabe mais", "porque o amor de mãe..." Estamos vendo aqui: todas essas "verdades" são bem limitadas e há MUITO mais na situação familiar do que a fala pública nos levaria a crer. Todo mundo sofre com a família, mas todos tendem a achá-la maravilhosa.

Mais exemplo de sugestão coletiva: o que é a propaganda? Acima de tudo, sugestão coletiva. Aparece o anúncio na televisão e repete, repete, repete, repete. Um anúncio só – isolado –, seja lá do que for, não tem influência. A alma da propaganda é a repetição, como a da família.

Nove décimos dos nossos valores e princípios tem esta origem: foi muito ouvido, foi muito falado, foi repetido à exaustão. A universidade, a famosa "comunidade científica", tida como a instituição com o pensamento mais rigoroso e de certo modo mais livre, é um horror de cadeia fechada, "porque o grupo de controle", "porque o coeficiente de correlação", "porque o senhor está especulando", "porque sua bibliografia é incompleta", "porque o senhor não se despersonaliza o bastante". Para medíocres – maioria –, a "objetividade", palavra sagrada, quer dizer: absolutamente nada de subjetivo. Logo, despersonalização total! Todas as categorias da lógica impostas a você – desde Aristóteles – têm muito de sugestão, porque o conhecimento científico ou o estatístico não são os únicos modos de conhecer o mundo, não são a única certeza nem a última verdade; há muitos outros modos de conhecer, e pobre, bem pobre, é quem não quer saber disso.

Enfim, a gangue, meu grupo social próximo. Ai de mim se eu disser qualquer coisa em discordância com os minidogmas dessa minimultidão! É preciso repetir, repetir, repetir, a fim de reforçar nossa ligação precária.

Em suma, quase tudo que temos na cabeça veio de fora e veio por sugestão (por repetição). Dissemos que as mães repetem demais as mesmas frases (preconceituosas).

Para Freud, a transferência é o fenômeno mais geral da personalidade (e a maior força patogênica!). Vivemos repetindo eternamente as mesmas coisas. A psicoterapia às vezes é insuportável e entediante (para o terapeuta) quando entra na orientação acadêmica, segundo a qual é preciso ouvir muito e falar pouco.

Lembrar as "jogadas" da análise transacional. Que são elas senão repetições de comportamentos – como se vivêssemos fazendo incansavelmente a mesma encenação, as mesmas falas, as mesmas caras? Um tédio; com certeza, o estado mental dominante das pessoas sempre que não estão fazendo nada. Por isso se ocupam freneticamente o tempo todo.

As pessoas não avaliam muito nosso nível de repetição de pensamentos. Há certa ideia de que tudo que eu penso, imagino, faço, é tão variado, é tão criativo, é sempre tão diferente. Não é nada disso, é uma repetição interminável de uma dúzia de pensamentos.

Então, o problema crítico é romper essa rede de sugestão coletiva que passa pela sua cabeça e que você acredita ser "meu pensamento".

Esse seria para mim o problema básico.

Qualquer coisa que tire você dessa rede é útil. Qualquer coisa à qual você dê atenção, ou que você faça interessadamente durante dez minutos, ou uma hora, suspende a atuação da rede de sugestão coletiva e por isso é muito boa. Basta que não seja aquilo e já é ótimo, apenas por não ser uma repetição a mais, por não ser mais um novo reforço da repetição, veja bem. Porque cada vez que eu repito intensifico a tendência a repetir mais.

É essa a minha posição hoje dentro dessa história. Então, qualquer técnica alternativa é boa. A terapia falada é menos, pois com demasiada facilidade ela permite a... repetição.

O que é, de novo, uma boa vantagem para as terapias alternativas, que são menos faladas e mais feitas. E vira e mexe, e deita e respira, e faz massagem, e canta e grita, ótimo. O importante nem sempre é o que está sendo feito; importante é que, enquanto está sendo feito, você não está no seu rosário eterno de repetições.

Me vem à mente a palavra "túnica inconsútil" – o manto de Cristo. Diz-se que o manto de Cristo não tinha emendas, então era inconsútil. Nós estamos envolvidos o tempo todo num manto inconsútil de sugestão coletiva.

Um exemplo atual de sugestão coletiva: as mães e o medo de que seus filhos se viciem em maconha ou cocaína. Depois das mães, a mídia, a Polícia Federal e todo o carnaval que vem sendo feito sobre "tóxicos". Tóxicos são maconha e cocaína. Do álcool, nada! Álcool é natural – quase. Também, desde Noé... O álcool é a droga mais destrutiva da humanidade, destrutiva para o fígado, para os rins, para o cérebro, para o comportamento e para o convívio.

Mas álcool não é tóxico – ouviu?

Somando todos os toxicômanos do mundo, eles não perfazem nem um centésimo do número de alcoólatras. Mas drogas são maconha e cocaína...

Levantemos voo: forma elegante de resumir – vejam só – a psicanálise (a melhor) e o zen-budismo é dizer: a repetição é a defesa contra a criação.

A REPETIÇÃO É A DEFESA CONTRA A CRIAÇÃO

Desde sempre, quando repetimos nos sentimos seguros – e temos certeza –, de algum modo descansamos e dizemos "tudo bem". Se é repetido, então é conhecido, sei como é, posso confiar e "é garantido". A repetição é a essência do conservadorismo (esta frase sábia é o que os lógicos chamam de tautologia: dois modos de dizer a mesma coisa).

O inesperado, o surpreendente, o imprevisível costumam despertar medo nas pessoas, medo que recebe vários nomes: do desconhecido, do novo, do futuro, do "assim não sei o que pode acontecer", do "não tenho estrutura..."

Mas hoje se diz também, e muito: a criatividade é a solução, é maravilhosa. Ora, criar é fazer diferente do que se fazia, é fazer como nunca se fez, é uma novidade – surpreendente, inesperada...

Então, como é que fica? Repete ou cria?

Agora posso esclarecer o dito sobre Freud e o zen.

Freud primeiro. Tudo em terapia consiste em perceber e interpretar – ou não responder a – qualquer ato, atitude ou frase *que seja repetido.*

Creio que Lacan disse a mesma coisa – de uma forma infernalmente complicada. Para o mestre, qualquer repetição indica uma transferência (é um automatismo, é inconsciente); é preciso levar o paciente a se dar conta do fato. Tomar consciência é isso: assumir voluntária ou deliberadamente o que até agora fizemos "sem perceber" ou "sem querer" (com a impressão de termos sido levados, obrigados). Podemos dizer o mesmo pelo avesso: neurose – do paciente ou do terapeuta – é fazer sempre do mesmo jeito, com medo de correr o risco de fazer diferente.

O mestre zen faz o mesmo. Não responde a nada do que o discípulo traz que seja repetitivo. Além disso, propõe questões absurdas em termos até engraçados. As questões – chamadas *koans* – pretendem ensinar ao discípulo que a iluminação jamais poderá depender de palavras. Na verdade, o pior inimigo da iluminação é a explicação, a argumentação, o "esclarecimento" verbal.

Deixando aos poucos de perguntar, de querer entender (de querer controlar ou dominar), só então o discípulo começa a se dar conta de que nada se repete, de que a realidade, como ele próprio, é criação contínua – o exato oposto da repetição.

Enfim, o que dizem hoje todas as escolas de psicologia e psicoterapia, assim como as de filosofia? A questão vital é estar presente aqui e agora.

De novo em paralelo com as noções do Oriente: dizem todos os iluminados que o homem normal é um sonâmbulo – isto é, não está aqui nem agora. Onde estamos, então, se não estamos aqui nem agora? Estamos presos na roda do pensamento coletivo, vivemos com a cabeça nas nuvens, sendo pensados pela maioria – levados a determinados atos e opiniões pelos preconceitos, que são, precisamente, o pensamento coletivo... A tragédia maior da família – preciso dizer? – é a repetição interminável das mesmas falas e atitudes, anos e anos a fio.

Estudos vêm sendo feitos para demonstrar que os placebos agem mais do que os remédios! Todos sabem o que é um placebo? Placebo é quando você dá um comprimido de farinha e diz pra pessoa que é remédio. Esse falso remédio com incômoda frequência tem mais efeito do que o remédio real. Enfim, a moderna – e barulhenta – neurolinguística. Sabem o que é essa teoria? É a versão mais moderna da hipnose em particular e da sugestão em geral. É isso aí, como se dizia para a Coca-Cola! Sugestão pura! A sugestão é muito mais poderosa do que a química. A convicção do terapeuta (clínico) é mais importante do que o efeito "objetivo" do medicamento. Os poucos médicos de família ainda existentes sabem disso.

Recordando e reafirmando: o problema é "parar de pensar", é sair dessa teia de aranha à qual você está preso, convicto, entretanto, de que esse é seu pensamento e sua convicção. Qualquer "técnica" capaz de deter essa roda é boa, e o que menos ajuda a detê-la é a terapia verbal, porque nela se valorizam demais a tensão, a desgraça, a angústia, a perda, o conflito, o desespero, o desamparo. Já se falou bastante a esse respeito e é bem verdade, e assim se reforça absurdamente a desgraça do camarada.

Enfim, uma grande verdade dita em poucas palavras: a sugestão coletiva. O que todos dizem a toda hora em todos os lugares é a ideologia ou o pensamento coletivo; ele pode ser tido, também, como pensamento coercitivo, pressão de todos sobre todos, para que todos "pensem" do mesmo modo.

A FORÇA DESSE PENSAMENTO ESTÁ NA REPETIÇÃO E POUCO TEM QUE VER COM A VERACIDADE DA AFIRMAÇÃO

Não seria melhor dizer: "Me conte uma anedota, vamos rir juntos, vamos dançar, vamos ouvir uma música e fazer careta". Era muito melhor do que ficar dizendo: "Ah! Porque em casa", "Porque minha mulher", "Porque meu filho...", "Olhe o que ele fez comigo" (dito dez mil vezes).

Depois dessas opiniões sobre psicoterapia (a que nega o contato – ela também), que ninguém venha me dizer que para ele ou para um amigo tal ou tal terapia foi ótima. Todos os terapeutas têm seus sucessos brilhantes – às vezes –, qualquer que seja a teoria. Penso muito mais na felicidade de um bom encontro pessoal bem cultivado. O que importa é um bom encontro, não Freud, Jung, Reich, bioenergética, gestalt, análise transacional, vidas passadas, regressão, ou o que seja...

OS INIMIGOS – O SISTEMA E A FAMÍLIA

Há muito tempo faço palestras sobre família, bastante críticas, como vocês ouviram. Para minha surpresa, as pessoas saem da palestra com uma evidente expressão de alívio no rosto e nos movimentos. Meu dizer é bem carregado e bem acusatório; como é que depois as pessoas sentem-se mais leves? Boa parte do segredo é: as pessoas que me ouvem acabam concluindo mais ou menos que "Pensei que era só comigo, e que era só com minha família, mas agora esse camarada está me mostrando que isso é da família, e não da minha família". Isso traz uma espécie de alívio, e é muito bom.

São verdades bem incômodas, mas acabam promovendo alívio e na certa mais liberdade. Tentar viver – ou encenar – esses papéis tão impossíveis dá trabalho; ficar fingindo, mesmo que mal, custa um esforço penoso de autovigilância permanente. Esse é o pior estresse crônico. Isso quando não acontece de, na pior hora, falhar o fingimento!

Quero resumir para vocês uma noção sobre a família que se fez minha mensagem e missão: refere-se às mães, principais depositárias e guardiãs de nossa péssima educação – essa, contra o contato, contra a criança, contra a alegria, contra o erótico, contra o amor (trocaram o amor pela segurança).

As mães são funcionárias públicas, as mais fundamentais. Sua função é gerar e formar cidadãos para o país. O primeiro dever das mães será formar um partido político, e o segundo, exigir salário. Melhor ainda se um sindicato das mães crescer junto. As mães podem se tornar o mais poderoso partido da história e o coração do movimento feminista.

Primeiro vou mostrar o contrário: as mães são o maior partido conservador do mundo e a pior força de arrasto a conter o arranque do futuro. Não estou falando de culpa individual, é claro. Estou falando da classe – deveras natural.

Nenhum partido político tem, em nenhum país do mundo, um número maior de adeptos do que o número de mães daquele país. Portanto, se houver democracia, elas já ganharam qualquer proposta que queiram fazer.

Pela arma do número democrático as mães podem impor sua vontade ao mundo se souberem se reunir e se começarem a se respeitar.

Segunda razão: ninguém exerce tanta influência sobre tão poucas pessoas durante tanto tempo quanto as mães. Ninguém se livra jamais da mãe – nem com 30 anos de análise ou 15 anos num mosteiro budista. Com todos esses 20 ou mais anos olhando, falando, cutucando, mexendo, agradando, batendo – nossa mãe!

Terceira razão: ninguém exerce tanta influência sobre tão poucas pessoas no período mais plástico e formativo da personalidade. Aos 3 aninhos de idade, uma criança já tem 90% do cérebro que terá quando adulta. A irrigação sanguínea do cérebro infantil é três vezes maior do que a do adulto. A maioria dos estudiosos de psicologia diz que os cinco primeiros anos de vida são fundamentais na formação da personalidade de qualquer um de nós.

A criança é, acima de tudo, um ser que está aprendendo e que multiplica a força da influência da mãe, de sua presença, tons de voz, jeitos, sentimentos, falas.

Outra noção a ser considerada: aos 5 anos de idade já aprendemos 80% de tudo que vamos aprender na vida – sobre a vida.

Não se trata de conhecer gramática, mas de saber olhar, avaliar, se avança, se recua, se choraminga, se domina, como é que se fala, como é que se pensa, como é que os adultos fazem, como é que se anda, como é que se fazem gestos, como é que se põe em pé, como é que se arruma a postura, como é que se aprende a língua. Tudo isso se aprende nos cinco primeiros anos de vida, e é com base nisso que se constrói quase todo o resto.

Última razão, e das mais fundamentais, pelas quais se aponta para as mães como membros do maior partido conservador do planeta. Eu sei qual é o maior desejo de todas as mães do mundo: que seu filho seja normal e, se possível, bem-sucedido – neste mundo!

Bem poucas mães têm noção de que a família tem algo que ver com política, menos ainda sobre a própria política. Estrutura social, preconceitos, revolução social, legislativo, executivo, distribuição de renda são "coisas" demais obscuras para elas. Hoje, mostram-se hesitantes porque tudo isso está sendo muito abordado na TV, e mesmo mães tacanhas estão percebendo uma série de coisas, mesmo sem querer. Isso acaba amolecendo as pessoas um pouco, afrouxando as exigências morais, os costumes estabelecidos e tudo mais. Mas continua sendo verdade que as mães não querem saber de política, de costumes sociais nem nada. Elas esperam que seus filhos sejam, no mínimo, normais; no máximo, "bem-sucedidos" – seja lá qual for o mundo em que a mãe tenha nascido.

AS MÃES SÃO O DNA DA TRADIÇÃO SOCIAL

Cada mãe transfere para o filho 95% do que ela aprendeu com a mãe ou com a família, como linguagem, costumes, preconceitos. Isso quer dizer que em quatro ou cinco gerações avançamos no tempo 30% nos costumes e 150% no desenvolvimento tecnológico e profissional.

A família nem de longe se modifica em velocidade compatível com a mudança social. Ela é na verdade a estrutura que reage mais tardiamente a todos os impulsos evolutivos. A mãe passa todos esses pseudovalores à criança nos primeiros cinco anos de vida, com o nome de educação. Educar quer dizer o quê? Vou fazer que você tenha modos e linguagem compatíveis com o mundo onde você nasceu e/ou vive. E com esse título e autoridade a mãe vai impondo um sem-número de restrições.

Nunca se esqueçam disto: a mãe é a primeira e a mais fundamental das instâncias repressoras. Se no malabarismo dialético virarmos a questão do avesso, então digo que estou trazendo uma excelente notícia para as mães, ao dizer-lhes: "Vocês têm um poder incalculável nas mãos e já podem começar a perceber e a usar esse poder".

Jamais um governo colocaria metralhadora ou cavalaria em cima de um desfile de mães – nunca!

A vitória feminista, até hoje, não foi das melhores. A mulher trabalha em condições inferiores quando o assunto é o salário e a "altura" das funções se comparadas ao homem; quando chega em casa continua a fazer as velhas tarefas do lar. São dois trabalhos, todo mundo sabe disso. É preciso avançar mais. Dois dos avanços não seriam o salário para as mães e o salário para as donas de casa? Mães e donas de casa precisam aprender a fazer greve, passeatas e exigências.

Sabemos que essas duas profissões – maternidade e prendas domésticas – são as que mais exigem das pessoas em matéria de versatilidade, tempo de serviço, empenho. E por tudo isso ganham nada mais do que elogios padronizados (quando ganham!) e um presentinho no dia das mães.

Veja como funcionam os preconceitos, leitor: você não estranhou quando leu que mãe e dona de casa são profissões? Até hoje não me passou sob os olhos, nem em conversas, discussão feminista em relação à nova mãe ou à mãe da nova mulher. E vejam, agora sim, retornando ao nosso tema básico, a fundamental importância da mãe no cultivo da capacidade das pessoas de sentir amor e prazer, aprendendo com a criança como se ama uma criança.

Na pedagogia mais avançada se diz: ou se aprende junto, ou não está acontecendo nada; passam palavras pra lá e pra cá, mas ninguém está mudando de jeito, de convicção ou de sentimentos.

Quanto mais dócil for a mãe aos impulsos que a criança desperta nela, melhor. Se ela não se achar uma estúpida que não entende nada, se ela não achar que aquele negocinho é do outro mundo, se não for correndo para o pediatra, e se ela se puser em contato direto com o bebê, as coisas ficam bem mais fáceis. Tenho essa fé em Deus e na natureza: a mãe foi feita para o filhote, e o filhote, para a mãe, pelo menos no primeiro ano de vida. Quanto menos ideias ela tiver de outras fontes, melhor. Parece piegas, mas estou falando de algo muito primitivo e muito fundo. Trata-se de uma compreensão – recíproca! – não verbal, de olhar, de som (fala, cantiga), de movimento e contato. Para nós – "civilizados" – isso é muito obscuro. Mas existe.

O contrário disso é o pediatra. De início, um homem, que jamais gestará ou parirá uma criança. Depois, alguém que vê e ouve algo da criança, digamos, a cada 30 dias. Como pode esse homem "saber" mais do que a mãe? Receio que haja livros demais sobre a relação mãe-filho escritos por homens. Demais.

TANTRA: A MEDITAÇÃO ERÓTICA

Vamos dar nosso último passo. Vamos falar do "tantra", palavra muito simpática para mim, mas em certa medida mentirosa, porque de tantra mesmo, hindu, de seu ritual, símbolos, ideologia, não sei quase nada. Acredito ter apanhado do tantra alguns aspectos essenciais de acordo com noções da cultura ocidental, de Wilhelm Reich em particular.

Digamos assim: vou expor uma versão ocidentalizada do que acho que seja o tantra.

A maneira mais fácil de entender o tantra é lembrar nosso treinamento sexual juvenil. Meu primeiro e maior professor de tantra foi Jesus Cristo, de forma bastante paradoxal. Começou quando me iniciei na masturbação. Não demorou muito para eu me dizer: "Isso é muito gostoso para ir depressa. Quero ver se consigo prolongar essas sensações o mais que posso".

Isso é o tantra.

Uma das forças mais poderosas a gerar a filosofia e a prática tântrica: por que não prolongar esses momentos prazenteiros e viver em eterna delícia?

Essa é a essência da mensagem tântrica, mas para desenvolvê-la é necessário um longo trabalho de frenagem sexual lenta, bem dosada, num persistente exercício de concentração e controle.

Agora entram Reich e o carma. Os hindus chamam de carma – noção obscura – a couraça muscular do caráter de Reich. É o peso que os outros põem sobre mim desde criança, as restrições que sofro em virtude dos costumes do mundo onde nasci, de suas manias e preconceitos.

A mãe, a principal "professora" de repressões, tantas vezes acredita saber o que é certo, diz como tem de ser feito, insiste, exige, cobra, castiga, bate, repete, repete, repete... Assim vão sendo restringidos – "enquadrados" – o movimento e a espontaneidade.

EDUCAR – PARA NÓS – É RESTRINGIR MOVIMENTOS

Há muito tempo me parecia, como a muitos outros, que criança não é nada do que se pensa, não é aquele bobinho alegre que só serve para ser gracinha, ou insuportável, conforme a hora. Foi feita uma aplicação sequencial com baterias de testes compatíveis em vários grupos etários, sempre os mesmos, aos 3, aos 5, aos 8, aos 10, aos 15, aos 20 anos.

A curva de emburrecimento é clamorosa.

Criança de 3 anos, em testes compatíveis com a idade, são quase todas geniais; aos 20, o rendimento intelectual cai a 15%, mostrando que a educação é primariamente um processo restritivo que limita, que fecha a cabeça, o corpo, prende. Diga sempre as mesmas coisas, repita sempre os eternos preconceitos, fique sempre na mesma – "Cada macaco (sempre) no seu galho, e somente no seu galho".

Fato muito esclarecedor sobre as potencialidades da criança: qualquer pequerrucho aprende a língua do lugar onde nasceu. Logo, o cérebro, sempre o mesmo, tem a possibilidade de aprender milhares de línguas sempre diferentes!

A raiz primária do tantra é um desejo universal: que o prazer/felicidade amorosa dure o tempo todo, por toda a eternidade – PARAÍSO! O que as pessoas não sabem é que, se você tentar realizar essa proposta, ela vai fazer uma fantástica mudança na sua vida inteira.

Eu estava sugerindo uma aproximação entre o carma e a couraça muscular. Dissemos aqui, ao longo da nossa exposição: o melhor modo, a melhor "técnica", para dissolver a couraça é a carícia amorosa, e se você dissolve a couraça está dissolvendo a "adaptação" social (a repressão) que você sofreu, a fim de poder sobreviver no mundo em que nasceu.

Por isso, o amor nos tira do mundo habitual e vai criando um "revolucionário", um "fora da lei", um "marginal", isto é, um agente de transformação social.

À medida que você vai se derretendo, devagarinho, de amor e de prazer, vai se atenuando toda a rigidez neurótica dos hábitos, "princípios" e costumes que foram impostos a você pela "educação". A ideia básica está aí, e reúne uma série de pensamentos propostos ao longo da nossa conversa.

O que acontece ao longo do processo é a atenuação do carma, e você entra em contato vivo com tudo que existe, e não só com a mulher.

Por meio do aprendizado prazenteiro, do contato vivo e completo com a mulher, eu aprendo o contato vivo e completo com o mundo.

O tantra propriamente dito envolve uma aproximação muito lenta do homem com a mulher, aproveitando cada passo, sentindo cada pequeno gesto, olhar, sorriso, contato. No tantra hindu é a mulher a "sacerdotisa" – que leva e ensina ao homem a arte do amor. Está implícito no tantra que a mulher sabe sentir prazer muito mais e melhor do que o homem, o que é evidente para quem quer que tenha olhos para ver. Num bom clima amoroso pode-se dizer que a mulher sente prazer em qualquer parte do corpo.

E mais, e principalmente, em condições ótimas, uma mulher pode ter orgasmos intermináveis, até a exaustão. Isso existe, é possível, já foi sobejamente comprovado, e muitas mulheres que elaboraram a masturbação tanto quanto eu sabem disso muito bem. Não sei se são orgasmos distintos ou se é um estado orgástico de intensidade flutuante – e tanto faz. Nesses termos, é óbvio que a professora natural do amor seja a mulher; só ela é capaz de ensinar ao homem esse modo de amor, em vez de ele querer ensinar a ela aquele prazer que dura, dizem Masters & Johnson, quatro segundos no homem e cinco na mulher (duração média do orgasmo).

Esses números são tão divertidos. Tanto barulho para quatro segundos. Não vale a pena, não é? Não sei pra que perder tanto latim com essa história. Em toda videoteca há uma vasta prateleira de filmes pornográficos; o padrão é de uma monotonia, uma sequência ritualizada (compulsiva) primaríssima, do começo ao fim. São profissionais, supostamente sem inibições. Com bons olhos, as inibições aparecem fortes em todos eles. É bem comum o término da ação sexual ser um galope frenético de vários minutos de duração.

No entanto, os melhores prazeres são conseguidos com movimentos leves e lentos – exatamente o contrário do que os machões fazem e do que tantos acreditam ser "normal". É a "ação animal", até "bestial", tão malfalada por isso mesmo, por ser bestial – estúpida!

Se no filme pornográfico forem realizados esses movimentos leves e lentos, muitos acharão o filme chato; então omitem o principal da história, e ficam só no frenesi. Vão seguindo o corredor compulsivo, estreito, do qual falamos aqui várias vezes.

O que se considera excitação "normal" é quase sempre uma superexcitação, como sal demais na sopa ou açúcar demais no suco. Precisamos dessa superexcitação para vencer ou romper todas as nossas ansiedades, todas as nossas inibições condicionadas.

Mestre Reich dizia que nossa sexualidade padrão parece frenética, angustiada, sofrida, desesperada e até agressiva; e o mestre conclui brilhantemente que, se parece assim, é porque é assim. Quer dizer, nossa sexualidade é uma mistura de sentimentos variados, inclusive raiva, angústia, ódio, até fáceis de compreender se levarmos em conta a história da repressão, a ausência de qualquer instância realmente educativa da sexualidade, mais tudo que se diz e se ouve em público sobre ela. Nos encontros sexuais sempre existe uma voz íntima a dizer: "Agora vou fazer o que não se deve", e então tudo fica apressado, frenético, ansioso. Quando as pessoas se convencem de que essa intensidade é um prazer fantástico, então se perdem de vez, e dificilmente descobrirão outra forma de realização sexual.

O essencial do tantra está no "vá devagar" e no "perceba a cada momento o que você está fazendo". Na maioria dos casos, quando atingem certo grau de excitação, as pessoas "perdem a cabeça", isto é, não se sentem mais responsáveis. É como se dissessem, ou sentissem: "Agora não estou aqui, não é mais comigo, não sou eu; é o impulso, é o instinto, é sexo, é animal, é assim".

Para muitas jovens, quando em situação de intimidade, sempre há, em algum lugar delas, o temor de que a mãe saiba – ou apareça! "Posso ser vista", "Podem me apanhar", "Vão me ver", "Vão descobrir o que estou fazendo". Também no homem existe muito disso, tanto que ele segue sempre o mesmo caminho, como dissemos. Parece um perseguido apressado. Mas, no caso do homem, quem está em volta da cama, observando criticamente, não é a mãe, e sim os amigos, para os quais ele se exibiu tanto... no bar!

Há um verso bonito do tantra, resumo do estado amoroso: "Shiva (o masculino) e sua Shakti (o feminino) cantando e dançando a criação e a destruição eterna de todos os mundos".

Pouco se diz do melhor do erótico, que é a alegria inocente. Tenho para mim que a alegria infantil, quando bem pura, é a mais alta expressão de prazer. Ai da sexualidade "séria" ou "madura"! É triste! Penso em uma alegria muito prazenteira, de corpo inteiro, quando se ri de se sentir gostoso, sem culpa, sem medo e sem vergonha. É preciso chegar aí, mas para isso é preciso desmanchar em você tudo que aprendeu na vida.

QUE A SACERDOTISA ASSUMA O RITUAL!

Inspirado por essas ideias, inventei o meu tantra. Ele se baseia em cinco regras simpáticas, feitas para que a mulher assuma o controle do erótico. Essa é a segunda grande missão feminina no presente; a primeira é a nova mãe, e a segunda é a nova mulher, a que tem coragem de querer, de procurar e de desfrutar o que para ela é essencial.

Primeira regra: enquanto houver contato vivo entre nós dois, podemos fazer o que for surgindo – sem limites.

Está implícito nessa regra que às vezes estou junto de uma pessoa, mas não estou em contato. Não basta estarmos nus e encostados – podemos estar assim e, apesar disso, desligados, distantes, desinteressados. Pode até ser desagradável. Estou falando daquele contato descrito no nosso primeiro dia; se começa o envolvimento e emerge o estado amoroso, enquanto ele estiver presente, não haverá limite para nada.

Primeira regra: o contato dura enquanto dura...

Segunda regra: a qualquer momento, um de nós dois pode dizer "Não"; ou "Agora não", ou "Assim não", não importa saber nem explicar por quê, é não, e acabou.

Terceira regra: a mulher vai tirar quanta roupa quiser, quando ela quiser.

Quarta regra: a mulher tirará a roupa do homem quando ela quiser e quanto ela quiser.

A última regra é assim: o fato de termos ficado os dois peladinhos não tem nenhum significado nem obrigação posterior. Ou, bem explicado, NUNCA há obrigação de relação sexual.

Os homens ficarão muito felizes, porque pouco sabem sobre sexualidade. E ainda: via de regra não querem saber ou já se julgam... doutores.

Se vocês perceberam, estou passando toda a responsabilidade erótica para ela. A mulher é a sacerdotisa do tantra.

A MULHER É A SACERDOTISA DO TANTRA

As mulheres há muito sabem da suscetibilidade sexual dos homens. Dificilmente uma mulher dirá para um homem que ele não agradou, que ele não foi satisfatório, a menos que queira feri-lo. Existe muito fingimento nessa história toda. O que eterniza o desentendimento.

Um dos pontos críticos do tantra – o hindu – desperta muita estranheza nas pessoas: o homem precisa aprender a conter a ejaculação.

Para quase todos os homens esse controle parece impossível, antinatural, muito desagradável.

Vamos lembrar dois fatos capazes de esclarecer essa exigência tão estranha. Até 11, 12 anos de idade, na masturbação, o garoto tem orgasmo e não tem ejaculação. Então, em primeiro lugar, o fato é possível.

Segundo: é bem estabelecido que na terceira idade pode haver interesse erótico, agrados podem ser gostosos, pode haver ereção, mas o que vai se tornando difícil é a ejaculação.

É minha convicção: o tantra é uma elaboração mental e um ritual enraizado no *desenvolvimento natural* da sexualidade.

Terceiro: a duração do ciclo de excitação sexual vai aumentando com a idade. Quero dizer o seguinte: mesmo bebês de semanas têm uma ereção engraçadinha de ver, porque se estabelece e afrouxa em pouquíssimos segundos – dois ou três! Na adolescência, a ereção pode acontecer em poucos segundos, três a cinco, e o orgasmo ou a ejaculação podem ocorrer em cinco, dez, quinze segundos. Extrapolando: em cada idade da vida o tempo que leva, entre o começo da excitação e o orgasmo, vai ficando cada vez maior.

Se experimento um ciclo sexual demorado, se o aceito e aproveito, posso dizer que estou me fazendo tântrico.

Se acompanhei *o desenvolvimento natural da sexualidade*, se a deixei amadurecer, no sentido de ir aprendendo com ela, em vez de fixá-la em um padrão único, termino tântrico mesmo sem pretender ser, e mesmo sem treinamento.

Mas para o cinquentão "normal" os primeiros atrasos no orgasmo o deixam em pânico e ele diz: "Estou ficando velho, não presto mais, não vou ser mais aquele". "Aquele" – o jovem – você nunca mais será. Você precisa começar a pensar em ser outro, quem sabe até melhor. Afinal, idade, experiência, para quê, se não for para aprender?

Essa é uma boa ideia para gente de terceira idade que começa a demorar. Aproveite! Uma das grandes diferenças, ainda hoje, entre homem e mulher: ele é mais rápido do que ela – na imensa maioria dos casos. Ele termina – tem orgasmo –, vira de lado e dorme. E elas pensam: "Esse chato..."

A sexualidade também amadurece com o tempo e pode ser aprendida se você conquista liberdade e condições para isso. O mais difícil é vencer os incríveis preconceitos que cercam essa Cinderela. Devido a eles, ela jamais se faz princesa. Se você se livrar de tudo que é dito sobre o envelhecimento sexual, chegará quase naturalmente ao tantra.

Nesse contexto, eu diria que o tantra não convém aos jovens. Seria uma segunda repressão. Que o jovem prolongue a relação o quanto conseguir, mas, quando ficar muito aflitivo, melhor terminar. O problema é ir aprendendo a prolongar o encontro amoroso, isto em qualquer idade.

Assim é muito bom para todo mundo.

Encerro com uma frase presente em todos os corredores de congressos sobre sexualidade: "Não existe mulher fria; existe homem incompetente", ou, o que é mais triste ainda, homem desinteressado. Tampouco existe homem impotente, existe mulher incapaz ou desinteressada.

MEU PROFESSOR DE TANTRA

Pergunta – O senhor disse que Jesus Cristo foi seu professor de tantra. Como foi isso?

Gaiarsa – Ah! Bem lembrado. Na adolescência fui muito religioso, e isso até que me fez bem, de vários modos.

Quanto ao sexo, ocorria o seguinte: para a Igreja Católica, se você ejacula intravaginalmente, o resto não interessa; você pode fazer o que quiser, não é pecado. Mas se você ejacula fora é pecado mortal – merece o inferno. Que azar o meu! Por que é que esse papa não nasceu antes? Porque hoje a masturbação não é mais pecado mortal. Minha vida teria sido completamente diferente se isso tivesse acontecido (risos). São surpreendentes essas coisas.

Então acontecia o seguinte: enrolar muito, brincar muito, mexer muito, ter muito prazer podia; mas acabar não podia. Desse modo Jesus Cristo foi meu primeiro professor de tantra. Era uma graça. Depois que acabava eu me arrependia terrivelmente, fazia uma cena incrível, mas bem no fundo eu sabia que Ele me tratava como bom amigo, não ligava muito para essas frescuras. Ele falava mais fundo em mim. Foi uma figura importante na minha vida.

Tive duas ou três imagens que eram verdadeiras bússolas internas; de vez em quando eu as consultava para me examinar e me orientar. Em uma delas, eu via uma pessoa na minha frente, de costas, com um manto longo. Eu sabia, era Jesus Cristo. Ele ia na frente, às vezes parava, às vezes andava. Enquanto eu o seguisse, tudo bem, fosse lá o que fosse. Fiquei muitos anos com essa imagem, revendo-a periodicamente. Um belo dia estávamos andando e ele parou. Alguma coisa em mim disse: "Vá lá, tire o manto". Nessas horas, quando se está bem dentro da fantasia, a coisa fica séria. Eu fui com muito cuidado e algum medo. Quando peguei o manto e o puxei, dentro não tinha nada – nada! Estranho, não é? Eu acho. Algum tempo depois ocorreu, já não tão claramente, um complemento disto. Quando o espírito dele saiu de lá, entrou em mim e eu virei Jesus Cristo, à minha moda, certamente. Assumi a um só tempo minha missão e minha individualidade!

Pergunta – Há uma mudança na forma de se relacionar sexualmente entre os australopitecos e o homem moderno. Eu gostaria de ouvir o senhor falar um pouco a esse respeito.

Gaiarsa – Como é que eu vou saber como eles transavam? Não sou tão velho assim (risos). Não tenho ideia, não. É claro que em certa época alguém pensou em transar frente a frente, quando todos os quadrúpedes e também os macacos se relacionavam com a fêmea em pé, o macho cavalgando-a por trás.

Aprendi, tempos depois da conferência, que os primatas também se relacionam – às vezes – frente a frente. Logo, o fato não é invenção humana, ou é anterior ao aparecimento de nossa espécie.

Pergunta – Eu gostaria de fazer uma pergunta. Acho que a gente só chega realmente ao prazer na vida se não se sente culpada, e o senhor falou pouco sobre culpa e sexo. Só entendi culpa na hora em que o senhor disse que toda mãe estava na mente da filha e do filho, e isso faz que eles se sintam culpados. Eu gostaria de ouvir mais um pouco sobre culpa, sexo e prazer.

Gaiarsa – Sim, já, já. Mas antes quero completar a história de Freud sob um ângulo que nos interessa e que vocês não conhecem.

Primeiro, uma análise de Reich sobre Freud. Freud fumava 20 charutos por dia. Eu só quero dizer que ele não foi um homem muito feliz, e isso também deve associar-se à teoria dele.

NÃO EXISTE TEORIA DESLIGADA DA HISTÓRIA DO SEU AUTOR

Reich faz uma análise bonita de Freud, de quando ele começou a morrer e a ter câncer. Foi quando, receoso de continuar chocando muitos, e cansado da resistência de todos, ele não aguentou a posição de defesa da sexualidade. Foi então que ele propôs a hipótese do instinto de morte – e começou a morrer! Essa é a interpretação de Reich. Freud deixou de defender a vida e começou a reconhecer a força da morte.

Tentando, agora, responder à questão da culpa. Uso pouquíssimo a palavra "culpa" no meu vocabulário. Há muito tempo desconfio da culpa; eu diria que não me sinto culpado por nada.

Quando a maioria das pessoas fala em culpa eu falo em medo. Eu tenho é medo. Por que é que, se penso num namorado, sendo casada, vou sentir culpa? Não, eu tenho é medo das consequências. É só porque mamãe disse que eu não deveria, na infância? Não é só por isso, não. É também – e muito mais – porque agora também há fofoqueiros em volta, observando e vigiando.

VERDADE PROFUNDA E IMBECIL: TODOS VIGIAM E CONTROLAM TODOS, PARA QUE NINGUÉM FAÇA AQUILO QUE TODOS QUEREM FAZER

Então não foi só mamãe. Se hoje você quiser amar a quem ama, vai ter de passar por um bom medo. Você vai sentir todos potencialmente contra. Prefiro chamar isso de medo, e não de culpa. Se você quiser uma definição, diga: "Culpa é o medo que paralisa". Sinto que não tenho forças para sair de minhas amarras.

MINHA CULPA: EU ME CONDENO PELO QUE NÃO FAÇO

Deixe-me ser claro: como não tenho coragem para fazer o que me importa, então me condeno: sou culpado porque não faço! Em vez de dizer "Vou ser condenada pelo que vou fazer", eu me condeno pelo que não faço.

No meu tempo, muita gente tida como boa acreditava que depressão era arrependimento por alguma coisa feita. Hoje, muitos preferem dizer: "Sinto culpa pelo que não fiz e era melhor ter feito". Essa culpa não tem remédio, vejam bem. Só tem remédio se eu ainda puder fazer. Pessoalmente, não consigo reconhecer ou identificar sentimento de culpa.

Às vezes me arrependo, mas aí é outra coisa; digo "Eu poderia ter feito melhor", aí é outra história. O mesmo vale para uma afirmação que se fazia antigamente: "Depois do sexo, fico triste". Fico triste depois de fazer sexo quando não fiz nem como, nem quanto, nem com quem eu queria – e era possível.

Pergunta – Às vezes, a pessoa já fez e depois vem um sentimento. Não é culpa? O que é isso?

Gaiarsa – Isso é medo também. Nunca se tem certeza se ninguém viu, e, mesmo que ninguém tenha visto, sua mãe de dentro sabe. E, depois, é tão fácil trair-se em certos momentos... Alguém faz uma pergunta completamente aleatória, mas esbarra lá e você leva um susto. O remédio básico contra o medo, quando não há perigo algum por perto, é respirar.

Medo ou culpa, se você se lembrar de respirar, vai se sentir aliviado, independentemente dos personagens, das situações, dos significados e das explicações...

Respirar alivia porque a primeira reação do medo (e da culpa) é conter a respiração, na expectativa de algo ruim que pode acontecer. Daí a poucos *segundos*, estou começando a me sufocar e fica cada vez pior, mas não é porque a culpa – a "ideia", a lembrança – piorou; é porque estou respirando cada vez menos. Se eu respirar, vai melhorar. Não vai mudar a situação, mas vai melhorar quase tudo, inclusive o susto que vem depois – ligado à ideia, à intenção, ao fato – "Nossa, o que foi que eu fiz!" A restrição respiratória, normal em momentos de risco, *após poucos segundos substitui o perigo original*. Em toda ansiedade, medo ou culpa, há uma situação ou imaginação em primeiro lugar (primeiro perigo), mas logo sobrevém a contenção respiratória (segundo perigo).

Pergunta – Nessa história de viver o amor por outro, sendo casada no velho estilo, a gente fica muito confusa, tem direito, mas mamãe dizia que não, a gente se arrisca, se assusta, fica sem saber o que fazer.

Gaiarsa – Sim. É isso.

Pergunta – Na hora H, essa parte da gente, que é mulher, fica esquecida, e quando pensa em vivê-la leva chute, não sabe nem pra qual lado andar.

Gaiarsa – No nosso mundo, as mulheres passam de filha para mãe, "pulando" a mulher. Saem da casa paterna para um lar próprio, sem período de vida "livre", sem pai nem mãe. A mulher em você é uma criança, quase vegetal, que você precisa cultivar; ela é frágil, pequena, não tem força de arranque. É preciso amar e proteger essa menininha pra ela crescer, e aí sua briga é com a mãe e a esposa de dentro.

Pergunta – Já disse que chega sobre esse assunto, desculpe. O senhor falou alguma coisa sobre a rigidez das pessoas, o medo de fazer algo novo, elas ficam cultivando uma vida medíocre, sei lá, por medo de ousar. Não sei, eu gostaria que o senhor falasse mais sobre isso, acho que...

Gaiarsa – Você não espera mais esclarecimentos, mas sim que eu lhe dê coragem. Não sei se alguém consegue dar coragem assim: "Tome, é coragem. Use!" Só sei que vale a pena correr o risco. É o ÚNICO modo de crescer.

Todos nós buscamos um truque capaz de atenuar o medo de fazer diferente. Medo é inevitável, é de muitos modos um risco real. Corre-se o risco social de ser malfalada, de ter os sentimentos mal interpretados, de ser vista ou surpreendida pelas pessoas erradas, de se envolver numa história que sabe Deus até onde pode ir, desde um casamento feliz até um assassinato, porque aventura pode ir longe. É muito bom ter medo e estar bem alerta. Essa é a solução em palavras, mas na prática essas "aventuras" – veja que bonita palavra! – envolvem um treinamento incrível.

Você só deixa de ter medo – de levar sustos! – quando transforma seu medo em cuidado e atenção permanentes. Sempre alerta, como todos os animais!

SÓ OS SERES HUMANOS PODEM VIVER DISTRAÍDOS

Na selva, os distraídos são comidos! Quando você percebe o tempo todo o que está fazendo, pressente todos os riscos antes de eles se avolumarem, a ponto de se tornarem insolúveis.

Nada acontece de repente. A casa não cai de repente na sua cabeça, ninguém fica louco de repente, não existe o "de repente", a não ser para os distraídos, insensíveis aos primeiros sinais dos acontecimentos.

"Veja bem o que você vai fazer" – essa é a mamãe. Eu digo: "Menina, olhe bem o que você faz e faça muito bem-feito, entendeu?" E, se a ordem é mentir, o que é que eu vou fazer? Aliás, não é preciso mentir, veja bem; as pessoas confundem mentir com não dizer tudo. Ninguém é obrigado a dizer tudo.

Mentir é quando me fazem uma pergunta e eu digo outra coisa, mas não é por ter coisas minhas que eu não digo talvez a ninguém, não é por isso que estou mentindo a todo mundo.

Pergunta – Só por curiosidade, eu queria entender um pouco melhor o instinto de morte de Freud, que para mim não ficou muito claro.

Gaiarsa – Gosto de dizer que eu sou melhor do que Freud, Jung e Reich juntos, simplesmente porque eu vim depois e aprendi com eles. Bom mestre é aquele que forma discípulos capazes de ultrapassá-lo; bom pai é aquele que é superado pelos filhos. Boa mãe é a que ajuda a filha a fazer muito mais do que ela...

É óbvio, esse é que é o bom, e não aquele discípulo que fica repetindo a fala do mestre a vida toda.

Além do mais, os mestres são iniciadores, e as primeiras elaborações de uma grande ideia nunca são arredondadas, bonitas, bem formadas; são tentativas, vem a intuição, fatos, duas ou três fórmulas que vão sendo modificadas, pouco a pouco. O que significa, afinal, "acabado", "completo", "perfeito"? Tudo muda, cresce, flui, como o velho Demócrito já dizia.

Voltando a Freud, para mim, morte, transferência e repetição são sinônimos.

Quando estou fazendo como sempre faço, como sempre fiz, como os outros fazem, não estou vivo, estou morrendo em dois sentidos.

Primeiro, não estou me sentindo vivo; a repetição embota a percepção e a emoção.

Segundo, se eu permanecer nessa direção do conservador acabo me matando com alguma doença feia, além de ter vivido uma vida cinzenta, incolor, inconsciente.

Lembremos como tipo e como símbolo o operário antigo, 12 horas numa máquina, naquele movimento simplório, milhões de vezes repetido. O que você queria que acontecesse com ele? Aquilo é uma morte – é tão evidente! De seres que poderiam fazer um milhão de coisas diversas, você exige deles o mínimo de seu rendimento potencial e de suas aptidões. Existe morte pior, ou mais evidente? Mas não vamos ficar só com o operário, não; martelei aqui mais de 50 vezes, eu também me repito, o pior lado da família é a repetição de coisas, de conselhos, de falas, brigas, acertos e desacertos. A cada vez que se repete a briga, ela não é igual, é cada vez mais mortal, vai aprofundando a distância, a indiferença, o desprezo. Creio que a morte é isso.

Não gosto da expressão "instinto de morte". Tudo que penso, sei e sinto da vida me diz que não pode haver um instinto de morte, mas que existe essa história da repetição, existe.

Desde que começaram as civilizações, há mais ou menos dez mil anos, a estrutura social tem permanecido invariável. Cinco por cento de privilegiados no luxo, numa exibição, numa loucura de ostentação colorida, grandiosa e vazia. Depois, 10% da tal classe média, artesãos, comerciantes, profissionais liberais; e, por fim, 80% de escravos, servos e camponeses sem o menor direito a coisa alguma, existentes como massa, e não como indivíduos.

A proporção é essa, ainda hoje; isso é mortal, meu Deus do céu!

MORTAL PARA A HUMANIDADE É O PODER, A DOMINAÇÃO, A OPRESSÃO E A EXPLORAÇÃO

Os poucos carnívoros explorando os herbívoros. Os que não têm escrúpulos, os que roubam mesmo, matam, se necessário, e a maioria que se deixa levar como rebanho manso. Até hoje a civilização foi de morte nesses termos: sempre se exigiu dos cidadãos que se comportassem da mesma maneira, sempre os mesmos modos, senão "não confio em você". Mesmo no contato social mais direto e comum, você está invariavelmente exigindo que o outro fique no lugar dele e seja sempre o mesmo.

Se for a um médico que hesita, consulta papéis, coça a cabeça, você vai ficar desconfiado e confuso. No entanto, ele pode ser bem mais honesto e consciencioso do que outro que posa de doutor, solene, pomposo – e vazio! Quanto maior a pose, menor o conteúdo!

Pior de todos, aos olhos da maioria, é o profissional bem-humorado. Para merecer confiança ou ser um cidadão digno é preciso mumificar-se! Nada faz as pessoas desconfiarem mais de você do que a alegria fácil. É preciso ser sério e grave – parecer meio morto – se queremos o respeito social.

A seu modo Freud estava certo: nossa civilização – todas as civilizações – tende a exigir a morte psicológica, depois física, de seus cidadãos, inclusive os poderosos! Ai do poderoso que ri (por isso havia o bobo da corte – lado risonho e maroto do poderoso).

Enfim, o que é a famosíssima transferência, pedra basilar da psicanálise, senão qualquer forma de repetição de comportamento? O que Freud se negou a perceber é que o contrário da transferência é a criação contínua. Só o iluminado é "normal".

Tampouco percebeu Freud o "retorno do reprimido" a ocorrer com ele. Quero dizer: Freud, como a maior parte dos cientistas, buscou a

AMORES PERFEITOS

regularidade – a repetição – na variedade do acontecer, que nunca se repete. A ciência busca e tenta codificar a morte, à qual dá o nome de verdade científica. Só o que se repete interessa – ou existe! Transferência eterna, de todos, de tudo. Mundo sem criação. Portanto, verdade e realidade mortas. Conhecer as regularidades dá poder e nada tem que ver com a verdade ou a realidade.

Pergunta – Eu gostaria de saber sobre o envolvimento com o paciente. Se teria de ser um, se o senhor se envolve com um paciente de cada vez, ou poderia ser dois ou três? Se já se envolveu com alguém, com algum paciente, e se hoje, mesmo com sua experiência, voltaria a se envolver com outro paciente.

Gaiarsa – Como é que você me faz uma pergunta dessas se estive falando sobre isso desde que entrei aqui? Vim defendendo tenazmente esta tese: profissional, pessoal, ou o que seja, nunca perca a oportunidade de amar. Minha mensagem foi essa, repetida até demais! Apesar da minha idade, mesmo agora e cada vez mais, me cuido muitíssimo e me acho uma gracinha (risos). Amei e amo a mais de um, sim. Foram precisamente os muitos amores vividos que fizeram brotar e crescer toda essa teoria de que estou falando. Foi assim, também, que me dei conta da miséria amorosa das pessoas e da humanidade toda. E até que ponto essa é a única salvação. O que disse mestre Jesus Cristo? "Amai-vos uns aos outros" e não: "Amai a um só, a vida toda".

Pergunta – Eu gostaria que o senhor fizesse um paralelo entre poder, projeção e transferência.

Gaiarsa – Comecemos com a transferência na terapia. O terapeuta acha que você o está tratando como se ele fosse seu pai. Em certo momento, ele dirá: "Você espera que eu lhe dê a aprovação que você esperava de seu pai". (Note que os exemplos didáticos são simplórios.) A maioria dos terapeutas dirá que você está fazendo uma projeção, que ele não é o seu pai. Minha resposta ou meu acréscimo a esse problema é assim: se eu, terapeuta, não tiver absolutamente nada de pai em relação ao paciente, ele não vai me tratar como pai. Ou, ao contrário, ele só vai me colocar num papel de pai se eu for paternal com ele.

PORTANTO, TODA PROJEÇÃO É RECÍPROCA

Essa palavra, "projeção", alcançou muita projeção (!) e está servindo para xingar muita gente e para os terapeutas salvarem a própria cara. Começo com um exemplo grotesco: nenhum esquizofrênico, por mais demente que seja (a última etapa da loucura), vai pendurar um paletó na parede se lá não houver ao menos um cocozinho de mosca – dá para entender? Nenhum louco do mundo vai pendurar um paletó na parede vazia. Nenhum louco é tão louco assim.

A maior tarefa do terapeuta é *reconhecer o que ele está fazendo para alimentar aquela projeção*. Essa é minha posição. Coloco sempre o terapeuta na posição do responsável diante do camarada. Aqui somos dois, não um só. Dizer que "só você projeta em mim" é uma ficção absurda. Estou aqui, você está me olhando, estamos falando, como é que só tem você aqui? Você entende o que eu digo? Eu – o terapeuta – não estou aqui nem agora.

ONDE ESTÁ O TERAPEUTA?

Sem perceber o seu lado da projeção, de nada adianta interpretar. E se, além disso, não vejo o meu lado, eu – o terapeuta – não me desenvolvo.

Nesse contexto, quero fazer uma crítica não à doutrina psicanalítica nem à terapia, mas à Sociedade de Psicanálise – ao poderosíssimo e desonestíssimo jogo de poder que ela faz contra seus filiados.

O esquema é o seguinte. Eu me candidato a analista. Muito bem, então faço terapia durante alguns anos; depois, começo a fazer a análise didática. Diante do meu terapeuta, que não se manifesta, eu sou o neurótico, o errado, tenho mil problemas, dificuldades, conflitos, angústias, depressões. Ele, nada. Ele tenta ficar impassível, como se não sentisse nada (primeiro erro: como os pais, como todo mundo, ele pensa que consegue "disfarçar" o que sente). O que ele vai fazer com o que sente diante de mim? Vai contar para o supervisor dele (o número três – o um sou eu, o dois é meu analista). Então, aos olhos do número três, o número dois é um neurótico, e o número três é o bom – vocês percebem? Eu divido – dissocio! – meu relacionamento com as pessoas. Com o de baixo me mostro superior, e com o de cima, inferior.

Deus do céu, até aí, no santuário da consciência e da veracidade, impera a mesmíssima divisão presente em TODAS as pirâmides de poder, desde que começou a "civilização".

Para a Sociedade de Psicanálise, o único bom acaba sendo Freud, que não foi analisado. Todos os outros entraram na cadeia da desgraça coletiva. Eu fui um tremendo neurótico pro meu analista, mas nunca vi meu analista se reconhecer neurótico comigo.

Não sei se vocês percebem até que ponto isso é a continuação perfeita da mais tradicional família patriarcal autoritária.

É infernal esse negócio. A estrutura social se infiltra em tudo, altera tudo, e a Sociedade de Psicanálise, que se considera o símbolo da liberdade de consciência, está fazendo exatamente o que ela diz estar combatendo. Diz que afrouxa laços familiares e cria os piores laços de poder do mundo – prende "por dentro" –, bem pior do que a Inquisição. Dentro dela os "velhos" são muito severos com os "novos". Lá, acontecem histórias muito feias e bem reais. Poderia parecer que essa crítica é por demais esquemática, só palavras; não é, não, dá muita encrenca mesmo, muito "problema de consciência" e de inconsciência.

Pergunta – No caso de haver relações extraconjugais, o que o senhor acha que é mais saudável para o casal: conversar sobre essas relações ou ter um pacto entre eles, do tipo eu sei que você faz, você sabe que eu faço, mas a gente não comenta.

Gaiarsa – Questão estritamente particular.

Pergunta – Quero saber qual é a sua opinião particular.

Gaiarsa – É inútil dar conselho de "fale". Quem pensa em falar é porque tem alguma chance de poder falar. Os outros nem pensam nisso. Idealmente, eu gostaria que a questão não fosse tão fechada, mas também não sei por que ficar contando detalhes de como transei.

Poderia contar aspectos pessoais do encontro; é um camarada que às vezes é simpático, diz coisas interessantes, gosto dele por causa disso, por causa daquilo. Se pudesse haver esse tipo de troca, seria muito bom, uma certa naturalidade de comentários, digamos, como se fosse um bom amigo que eu tenho, e de vez em quando a amizade se tornasse colorida. Esse seria o ideal para mim, mas trata-se de uma conversa muito difícil de ter, não preciso dizer. Não force o outro a ouvir quando ele não está a fim. Faça o que você quiser, mas deixe-o à vontade, porque quase todos preferem não saber.

A maioria dos homens não tem nenhuma autoconfiança sexual e por isso prefere não saber, é mais temor de humilhação do que de ciúme. São muito frágeis, fazem mais encenação, e poucos gozam de uma experiência assimilada. Não assimilam a experiência por ser tudo meio às pressas, meio aflito, meio ansioso.

Da parte da mulher, a fragilidade é, em pequena parte, semelhante; mas elas temem abandono e desamparo, tanto econômico quanto psicológico e social.

Enfim, vamos dizer por que as "receitas" são inúteis. Receita seria a resposta ao "O que é que eu faço?" nesta ou naquela situação. A rigor, não existem situações iguais – se considerarmos as muitas influências que atuam em cada uma e em qualquer situação humana. A receita só serve para bolo, quando se espera fazer tudo igual, e é fácil fazer tudo igual.

Eu insisto: se bem percebidas, não existem duas situações iguais, em matéria de relacionamentos pessoais. Nem "a mesma" briga de casal é sempre a mesma. Só o momento pode indicar a conduta, a cara, o tom de voz e as palavras mais cabíveis ou mais úteis.

Pergunta – O senhor disse que a inteligência da criança, em determinada idade, passa a diminuir. Há alguma maneira de evitar isso?

Gaiarsa – Sim. Falei de uma pesquisa na qual foram aplicados testes sucessivos e os resultados demonstraram que as crianças vão emburrecendo seriamente, à medida que os anos passam. Não creio que ela vá emburrecendo por natureza, não, ou porque o cérebro está encolhendo. Ela vai sendo enquadrada e limitada nos movimentos, nas obrigações, nas necessidades. Essa é a essência da educação!

Bom exemplo das mil possibilidades com que a criança nasce é o aprendizado da língua. Nasça a criança onde nascer, ela aprenderá a língua daquele lugar. Ora, há milhares de línguas diferentes. Qualquer criança pode aprender qualquer uma delas.

A solução básica é garantir – e oferecer – liberdade de experiência à criança, que ela experimente muita coisa e não perca sua versatilidade afetiva e intelectual, profundamente ligada à sua mobilidade corporal. Todo adulto "normal" tem seu "jeitão" e não sai muito dele. Sabemos: vivemos "enquadrados" e limitados demais.

Então se trata de deixar a criança fazer o que quiser?

Não, nem de longe. Eu – o adulto – também sou importante, e não estou aqui apenas para garantir tudo para ela e me omitir de tudo (como o psicanalista). Um bom contrato é o seguinte: você faz tudo que quiser enquanto for fácil para mim, enquanto não me custar muito, não me irritar, não me incomodar, não exigir demais. Mas, se começar a despertar em mim algum sentimento parecido com esses, então penso, digo e faço: "Não, queridinha, nós aqui vivemos juntos. Eu faço minha parte e você, a sua; eu ouço você e você me ouve"; e por aí afora. Entende? O limite não é "o que devia ser", mas o que "eu aguento bem".

É preciso aceitar, também, flutuações de limites. Há dias nos quais eu me levanto mais paciente e fica tudo bem diante da espontaneidade da criança.

Há dias em que levanto com o pé esquerdo e é bom a criança aprender isso, e nós dois temos de aprender a conviver. Não estou a seu serviço o dia inteiro nem espero, de outra parte, que ela só faça o que eu quero; precisa ser um negócio honesto. E, muitas vezes, dizer: "Olhe, agora me deixe em paz que eu tenho mais o que fazer", e brigar por isso e fazer cara feia, se necessário.

Indo com jeito, dizendo só os "nãos" necessários, mantendo uma boa troca afetiva, respeitosa, com a criança, o convívio é bem mais fácil do que se está acostumado a pensar.

Só crianças muito oprimidas e anuladas, ou deixadas sem rumo, fazem gritarias, exigências desencontradas, pulam em cima de tudo, mexem em tudo; isso não é natural. De outro lado, o desejo de tantos pais de controlar demais a criança faz que ela se rebele em todas as direções, em protesto contra essa opressão descabida. Muito da rebeldia e indisciplina infantil, do "Não faço", "Não quero", significa "Não me amarrem", "Não me prendam", "Não me sufoquem". Porque é isso que estamos fazendo o tempo inteiro, tentando prender, amarrar, "Fique bonzinho", "Não faça assim", "Mamãe não gosta", "Papai não gosta", "Você quebra", "Você suja", "Dá choque".

Contudo, para consolo de todos, na vida louca que temos, ninguém consegue educar bem uma criança. Duas crianças, mais pai e mãe, num apartamento, não há possibilidade de uma boa educação. Nossa noção de "família sempre unida" é péssima; tem de abrir, sair, ir para algum lugar, espalhar.

SEMPRE QUE ESTIVER AMEAÇANDO FICAR MUITO FEIO, SEPARA

Enfim, o que seria ótimo e – acredito – nunca foi feito é proporcionar MUITAS experiências diferentes para a criança, que é ávida e necessita aprender muito, de tudo.

Mas esse é um sonho para uma futura humanidade, a que põe a criança em primeiro lugar. Nunca foi assim.

Pergunta – Gostaria de dizer que na minha faixa de idade – vou fazer 56 anos – a vida sexual do meu tempo, com todas as suas restrições, talvez tenha sido melhor do que a de hoje, porque há o problema da aids, tanto para jovens quanto para mulheres e homens. Ninguém pode dizer que transar com camisinha é bom. O senhor não acha que isso inibe, atrapalha, que a vida sexual, agora, é mais triste do que antigamente?

"A MOLÉSTIA IMAGINÁRIA"

Gaiarsa – Bom que você tenha perguntado sobre a aids; penso mesmo em sincronismo e simbolismo. Você sabe que a aids veio para interromper uma ampliação do contato que prometia se generalizar, a chamada "explosão sexual dos anos 1970". Não era muito bom, mas prometia melhorar. As pessoas precisam passar por um período de "faça tudo que lhe der na cabeça". Só depois disso pode-se começar a pensar em tantra. Somos todos inibidos, e o primeiro passo para um amor de muitos para muitos seria este: promiscuidade sem culpa, sem vergonha e sem medo.

Aí apareceu a aids, restabelecendo o temor do contato – contato que seria nossa salvação, como dissemos ao longo do livro todo.

Ou aprendemos uma simbiose amorosa, ou corremos o sério risco de autodestruição.

A aids é a inimiga número 1 do contato, e já li em trabalhos sérios que sua prevenção exige camisinha nas relações vaginais, duas camisinhas nas relações anais e revestimento de plástico de cozinha no sexo oral. Só faltou a autora dizer que, para transar, é preciso alugar um traje de astronauta da Nasa.

Só o contato amoroso pode nos salvar – como procurei mostrar. Ao longo deste livro, tudo que foi dito vai nessa direção, que chamei de "amor perfeito", de muitos por muitos, concreto, cutâneo, sensorial, afetivo.

Como a aids é presentemente o pior inimigo do contato – por mais que se diga o contrário –, vou dedicar várias páginas a essa "doença", a mais estranha que a humanidade já conheceu. Afirmarei muito pouco, mas vou procurar mostrar com fatos que devemos duvidar de quase tudo que é dito sobre ela. Li bastante a respeito e, além disso, tive mil conversas com meu amigo José Carlos de Campos Sobrinho, médico anatomopatologista, em Sorocaba, cofundador da faculdade de medicina de lá e um estudioso quase fanático da questão, senhor de um dossiê impressionante de notícias, tanto populares quanto científicas, a respeito da aids.

É bom saber, de início, que há muitos virologistas que não concordam com as noções precárias e simplórias que aparecem na mídia.

Precárias e simplórias, vamos repetir. A mídia sofre de três inconvenientes graves: pouco espaço, pouco tempo e muita ignorância. Basta ampliar certas afirmações e o cenário muda completamente.

Toda nossa argumentação gira em torno da seguinte proposição: o vírus existe e a síndrome também. O que vamos pôr seriamente em dúvida é se um, o vírus, tem que ver com a outra, a aids.

Aids: síndrome de imunodeficiência adquirida. Começa bem quando se diz síndrome, isto é, um conjunto de sintomas e sinais que podem caracterizar várias moléstias. Quais são essas várias moléstias, carências e intoxicações? Primeiro, a fome, depois, o câncer, a tuberculose crônica, a malária crônica, as várias infestações de vermes e protozoários, as numerosas intoxicações, o estresse crônico. Todos esses fatores podem determinar deficiências imunológicas sérias.

Vamos nos deter em alguns. Mais da metade dos "remédios" de farmácia deprime o sistema imunológico, em especial os antibióticos, os corticoides, os anti-inflamatórios e as drogas usadas contra o câncer, assim como os anti-inflamatórios – os corticoides em especial – são fortemente imunossupressores de grande número de agrotóxicos, vários "aditivos" postos nos alimentos, poluições (são várias).

Como se vê, o vírus HIV está acompanhado, seguido ou precedido de um cortejo imenso de "amigos".

Mais: estresse emocional, a doença da época (20% da população do mundo é depressiva, e outro tanto ou mais é ansiosa crônica). A medicina insiste cegamente nas drogas e na bioquímica, fazendo o que pode para não ver esse lado da questão.

Basta, leitor? A crer na mídia e só nela, até parece que o HIV é o único micro-organismo capaz de deprimir o sistema imunológico!

Vamos citar autoridades. O dr. Montagnier, por exemplo, o cientista que isolou o HIV, no ano passado, disse, ao *Jornal Nacional*, da Rede Globo: "Parece que o vírus só consegue contaminar quem já está com o sistema imunológico bastante deprimido". Pouco tempo depois: "A aids mata muito mais nos países subdesenvolvidos, e mesmo no Primeiro Mundo morrem de aids muito mais os destituídos de fortuna".

Por que isso é assim?

Vamos saber um pouco mais sobre o sistema imunológico. A ouvir a mídia, e só ela, esse sistema existe somente para ser lesado pelo HIV!

O sistema imunológico é um embrião que vive em nós a vida inteira como embrião. Nele, certas células permanecem embrionárias a vida toda e vão gerando continuamente glóbulos brancos (e vermelhos) na medula óssea, nos gânglios linfáticos, no baço e no timo, nas amígdalas, nos adenoides, no apêndice e nas placas de Peyer, situadas nas paredes intestinais (até os 20 anos, mais ou menos).

Tecido embrionário quer dizer também, e principalmente, tecido frágil, tão frágil como um embrião de 15 dias. Este é um formoso paradoxo biológico: nossa força de defesa é demasiadamente "fraca", e por isso pode ser afetada por todos os fatores que alinhamos previamente. O sistema imunológico é fantástico, um "laboratório" capaz de produzir literalmente milhões de contravenenos – contra todas as substâncias que poderiam nos prejudicar e/ou que não pertencem ao nosso corpo.

Um terço das proteínas que precisamos ingerir no dia a dia (cerca de cem gramas) é consumido pelo sistema imunológico na produção do sangue, que se renova a cada três meses. Há linfócitos – glóbulos brancos – que vivem tanto quanto o organismo (por exemplo, os especialistas em produzir anticorpos contra os germes das moléstias da infância, coqueluche, difteria, cachumba). E há linfócitos que vivem poucas horas. Linfócitos produzidos na medula óssea entram no sangue circulante à taxa de 200 mil por segundo! Compare esse número com o número reduzidíssimo de linfócitos infectados pelo HIV. O corpo produz, por unidade de tempo, muito mais linfócitos do que os destruídos pelo vírus.

POR ISSO, A PRINCIPAL *CAUSA MORTIS* DOS AIDÉTICOS É A FOME

Tem mais: o sistema imunológico é o guardião e o representante concreto de nossa individualidade; é ele que elimina do corpo, neutraliza ou encapsula todas as substâncias que nos são alheias.

Não é outra "coincidência" fantástica? No mundo da massificação, da confusão, do "Não sei quem sou", "Não sei o que estou fazendo aqui", "Não sei para que sirvo", "O que desejo ou quero", "Para onde vou" – é nesse mundo, quando a individualidade se vê muito seriamente ameaçada, é nesse mundo que aparece a aids. Fantástica "coincidência".

Agora vamos falar de micro-organismos, vírus, fagos, bactérias e protozoários. O que se segue está no livro monumental de duas bacteriologistas mundialmente famosas, Lynn Margulis e Dorion Sagan (2002), *Microcosmo*, já citado.

Os micro-organismos, infelizmente, entraram na história da humanidade apenas como agentes patogênicos, como "inimigos". Comecemos dizendo que os germes produtores de doenças são apenas uma ínfima parcela do gigantesco mundo dos bichinhos invisíveis – dezenas de milhares de espécies diversas.

Chocando logo de início: se todas as bactérias do mundo morressem agora, você morreria também, na mesma hora, porque você é feito de micro-organismos – e mais nada!

Essa é a última proposta da biologia. Após consagrar a "luta pela vida", a competição, como o grande fator de desenvolvimento das espécies, a biologia começa a se dar conta de que é a simbiose – a união, e não a competição – a grande força da vida. Você se lembra da célula, tida como a "unidade básica" dos seres vivos? A célula é uma sociedade de inúmeros micro-organismos que há muito descobriram que "a união faz a força", faz também a beleza, a surpresa e a maravilha que é a vida.

Todas as células dos animais pluricelulares são simbioses de micro-organismos. Portanto, eles estão longe de ser "inimigos".

Em relação mais próxima com a aids é bom saber que há numerosos vírus que vivem em simbiose com organismos maiores. Os retrovírus, dos quais o HIV é um representante, são também numerosos e muitos deles vivem conosco em paz, como comensais.

Mas, se você se limita a saber o que diz a mídia, vai concluir que o HIV é um raro organismo que nasceu para reforçar nossas repressões sexuais. Um exótico vírus perdido no mundo que para se afirmar nos contamina. (É bom saber que as faculdades de medicina não ensinam essas coisas desse modo. A universidade é conservadora demais e, portanto, anacrônica.) Mas estou trazendo para você a vanguarda da pesquisa biológica, aliás, nem tão nova assim. Entre biólogos, o que estou dizendo é aceito quase pacificamente (quase, porque cientista foi feito para discutir, não para concordar).

Então, leitor, o quadro grande põe a aids em outra perspectiva, não é? Quanta coisa afeta o sistema imunológico e quão amplo e complexo ele é.

Mas vamos além. Patologia, agora. A aids não tem lesão específica. A medicina começou a ter algumas certezas a partir do século passado, pelo método chamado anatomoclínico. Os clínicos estudavam os pacientes e tentavam "adivinhar" o que se passava no corpo deles. Quando o paciente morria, fazia-se a autópsia e o anatomopatologista examinava órgão por órgão, a olho nu e, depois, ao microscópio. Assim se estabeleceu, com segurança, a noção de doença. Doença é aquilo que faz assim e assado no pulmão, no baço, no coração, no estômago etc. Não se aceita doença que não deforme o corpo de um modo ou de outro, macro ou microscopicamente.

A aids não tem lesão específica. Se você fizesse a autópsia de um aidético, não notaria nada além da magreza e dos sinais das moléstias intercorrentes. Essa aids é deveras estranha. Depois, as coisas são difíceis de entender. Grandes instituições médicas desaconselham a autópsia de aidéticos porque o vírus, todos sabem, é satânico. Parece o demônio da Idade Média! Com essa medida, continuam a ignorância e a mitologia sobre essa "coisa" chamada aids. Linfócitos afetados? Só em cultura, e pouquíssimos.

Depois, a definição da aids, isto é, como se pode reconhecê-la? O Departamento de Saúde dos Estados Unidos já caracterizou a doença de sete ou oito maneiras diferentes, conforme o ano. Isto é, como a aids é de notificação obrigatória, o departamento informa todos os médicos dos sinais e sintomas que, se acredita, a constituam. Essa *definição já mudou muitas vezes.*

Depois, o prazo da morte. No começo era quase instantânea, em seguida passou a seis meses, um ano, dois, três, quatro. Hoje o prazo está em 15 anos. Já viu que doença mais inconstante?

No congresso de 1992 sobre aids, em Berlim, começou-se a reconhecer oficialmente os "sobreviventes", pessoas soropositivas para aids que "vão muito bem, obrigado" e assim continuam, não obstante as previsões pessimistas dos teóricos da doença. Houve até quem propusesse – de maneira sensata – uma nova abordagem no estudo da aids, com base nesses "sobreviventes": como é que eles desenvolveram e conservam a suposta imunidade contra o vírus? A aids está se "espichando" indefinidamente.

Ah! Dirá o sabido, mas a sífilis, por exemplo, pode matar entre 10 e 20 anos após o cancro duro. Sim, mas ela tem seus períodos constantes, de 10 a 15 anos. Além disso, as lesões específicas são bem conhecidas em todas as etapas da doença, e o *Treponema pallidum* está sempre lá, visível!

Pelas estatísticas oficiais há um considerável número de sifilíticos entre os pacientes tidos como aidéticos.

O que é, então, a aids? É uma síndrome, sim, um *conjunto de sintomas* que pode ser produzido por *numerosas* "causas", e não exclusivamente pelo HIV. É um estado terminal de numerosas moléstias, e talvez o vírus funcione, na melhor das hipóteses (ou na pior), como uma espécie de extrema-unção: quando você já está mal pode ser que ele ainda tenha forças para a sua execução. A própria aids seria mais uma das infecções oportunistas.

E as crianças que nascem com o vírus e morrem de aids? Primeiro e sempre: jamais confundir pessoa soropositiva com pessoa doente de aids – jamais! Raramente se encontra o vírus nos que morrem, nos casos em que houve autópsia do corpo. Depois, *as crianças são os seres mais sujeitos a estresses*. Mostramos quanto as crianças são obrigadas a aceitar nossos maus costumes a qualquer preço – e como pagam caro por isso.

Todas as neuroses, isto é, todas as doenças psicossomáticas, começam antes dos 5 anos. Além disso, as crianças tidas como aidéticas, na imensa maioria, são filhas de pais drogados, alcoólatras, presidiários e assemelhados; de novo, muitos antecedentes graves, independentes do vírus. E as transfusões nos hemofílicos? Os hemofílicos morrem jovens; seu sistema imunológico se esgota na fabricação do sangue perdido internamente, e eles, como é tão fácil imaginar, são estressados crônicos pelas limitações severas trazidas pela doença.

Além disso, a moderna terapêutica da hemofilia é fortemente imunossupressora. O produto comercial que contém o fator VIII (anti-hemorrágico) é obtido a partir do sangue de centenas de doadores. Isso quer dizer que o "remédio" contém centenas de proteínas estranhas; injetadas no hemofílico, elas superestimulam e depois exaurem o sistema imunológico, cuja função precípua é produzir "antiproteínas" capazes de neutralizar substâncias estranhas ao organismo.

Aí estão muitas das dúvidas que se podem levantar sobre, ou contra, a doença do século.

Vamos a casos concretos. Cazuza, o nosso gênio musical e poético, morreu de aids. Cazuza, desde os 13 anos (ainda verde, portanto), usou, tomou e fez o diabo, por boca, veia e mais. Na histórica entrevista dada à revista *Veja*, durante três horas, ele bebeu meia garrafa de uísque e fumou um maço de cigarros. Mas Cazuza morreu de aids – assim o exibe a mídia, que vive de carniça. Quanto pior a história, maior a venda para um público doente, doente.

Rock Hudson, primeiro ator famoso de Hollywood a morrer de aids. Ele até que, honestamente, se declarava homossexual e promíscuo. Coitado, morreu de aids. Mas a mídia não diz que Rock Hudson era alcoólatra havia 40 anos, sofria de cirrose com insuficiência hepática e, nos anos finais, de câncer no fígado! Morreu de aids, maldito vírus.

E passemos ao ataque. Depois que se iniciou a caça ao bruxo chamado HIV, a humanidade ficou alvoroçada e a curiosidade coletiva se fez insaciável: sexo e morte, a fórmula perfeita para atrair, assustar e prender todo mundo. A mídia se locupletou e continua a vomitar mais e mais notícias sobre o famigerado bruxo.

Dinheiro em penca para pesquisas, para *kits* de diagnósticos (todos de valor discutível e interpretação difícil). Mas, como o perigo é grande e ninguém sabe o que fazer, qualquer proposta é aceita com entusiasmo. *Kits* e mais *kits*, e os bolsos do dr. Robert Gallo vão se enchendo de dólares. O dr. Gallo pode ser considerado um "escroque" internacional; está respondendo a processo movido pelo dr. Montagnier pelo roubo do vírus HIV[2].

Pilhéria: quando começou a briga entre o vírus francês e o americano, houve tanta discussão que o caso foi resolvido *por decreto*, caso único no mundo das ciências médicas: decretaram que os dois vírus são um só.

Por que a briga? Dinheiro. Estima-se em cerca de sete milhões de dólares anuais: 50% para Gallo e 50% para o Instituto Pasteur.

Aliás, tristeza. Como os homossexuais foram os mais visados, e como eles, assustados, fizeram e fazem muito barulho, foram investidos nas pesquisas sobre a aids preciosos milhões que poderiam ser mais bem usados na profilaxia e na erradicação de outras moléstias. Malária, por exemplo.

Outra deformação lamentável, exemplificada no *Jornal Nacional*: "Hoje, foram diagnosticados mais cinco casos de aids!" Mas o jornal não diz, por exemplo: "Hoje, morreram 1.500 cancerosos, 2 mil alcoólatras, 35 mil pessoas de fome, 1.800 cardíacos, 700 diabéticos" (os números não são exatos, mas são genericamente válidos para ilustrar o ponto; o número de mortos de fome é exato).

Enfim, confessam todos os investigadores: o HIV é frágil demais.

Depois, o AZT, com enorme capacidade para deprimir o sistema imunológico (produz rapidamente anemia). Pesquisadores ingleses provaram que ele não adianta nada... É sempre o desespero coletivo, não a doença.

Entre homossexuais brasileiros, mais um fator favorece a morte pela aids. Há homossexuais promíscuos que, a fim de se proteger de moléstias venéreas, tomam penicilina ou outros antibióticos com regularidade, digamos, de 15 em 15 dias, deprimindo seriamente o seu sistema imunológico.

Brasileiros, por quê? A pior e mais frequente doença dos brasileiros (tirando a fome) é a hipocondria. Brasileiro adora se dizer doente,

2. Há duvidas sobre quem de fato descobriu o HIV. A equipe de Luc Montagnier isolou o vírus pela primeira vez, enquanto o grupo de Robert Gallo demonstrou ser o HIV o causador da aids. Montagnier foi um dos ganhadores do Prêmio Nobel de Medicina de 2008.

e há mais farmácias no Brasil do que em qualquer outro país do mundo. E passa a ingerir pílulas, xaropes, comprimidos e injeções "porque meu primo disse que faz bem", "porque meu irmão sentia isso e ficou bem". E começa a bombardear o sistema imunológico.

Falta analisar psicanaliticamente a enorme fama grangeada pela aids, doença cujo índice de mortalidade é ínfimo perto de outras moléstias – velhas e bem conhecidas – do coração, câncer etc. Trata-se de um deslocamento, diria mestre Freud. Exemplifiquemos com a morte cardíaca, a mais frequente no mundo todo.

"É o colesterol", diz a mídia. É a falta de amor, de contato e de felicidade, dizem os mais sábios. Lembre-se do quanto dissemos sobre o livro *Tocar: o significado humano da pele.* Carícia, contato, amor e prazer são a própria vida, e o melhor estímulo ao sistema imunológico é a felicidade, única geradora de uma funda e forte vontade de viver, única proteção contra todos os males do mundo.

Afinal, para que escrevi este livro?

Morre muito mais gente de carência e de perda de amor do que de colesterol ou de aids.

Com a aids é parecido. Todo o horror da nossa civilização, toda a tremenda ameaça de um mundo que muda dia a dia, movido por uma tecnologia delirante que só visa ao lucro – disso não se fala. Tampouco se fala dos inúmeros suicidas inconscientes que perambulam por este mundo. A aids é um bom pretexto para morrer quando não se tem por que viver...

Afinal, nada disso tem remédio, não é?

Então vamos usar camisinha e estaremos salvos. O perigo – o único perigo – é o HIV.

Que maravilha se fosse assim!

Vacinas! Eis a salvação.

Montagnier, de novo: "Acreditamos que será difícil produzir vacina contra a aids porque o vírus faz ou sofre mutações com muita facilidade".

De novo, Margulis:

A mais fantástica vantagem dos micro-organismos é a facilidade com que eles se adaptam, por força de sua competência em se reproduzir.

Falemos das infecções hospitalares, como exemplo. Enquanto você não altera o ambiente a ponto de incomodar o micro-organismo, ele se mantém igual, se reproduz – a cada meia hora – sempre igual. Mas introduza no meio alguma coisa que incomode o bichinho e muitos morrerão, facilmente. Mas uns poucos sobrevivem, e daí a dois ou três dias você tem de novo bilhões deles.

Ora, os vírus são ainda mais mutáveis do que as bactérias. Se for feita a tal vacina – na certa, a mais cara do mundo, por todos os milhões já investidos –, daí a pouco o HIV 1 vira 2, 3, 4...

O HIV nasceu para impedir o contato.

É deveras satânico esse bichinho. O próprio espírito do mal.

GUARDA-COSTAS E CAMISINHA

Dissemos que os testes diagnósticos de soropositivos para aids são muito precários, e que o AZT é definitivamente maléfico.

Dissemos mais, que essas coisas precárias são muito faladas porque não há nada melhor ou mais útil a ser feito.

Suponho que o leitor tenha estranhado tais afirmações. Será que se pode fazer tanto barulho e investir dinheiro em coisas tão inúteis? Não será absurdo demais?

Vejamos: no *Globo Repórter* do dia 11 de fevereiro de 1994 foram apresentadas grandes figuras e seus guarda-costas. Todo o aparato de tiro ao alvo, lutas marciais, técnicas de vigilância etc.

Depois de toda uma sugestão 007, romântica e aventureira, é citada a estatística dos resultados:

- 92% dos atentados são bem-sucedidos – apesar do guarda-costas;
- em 6% dos casos, o agressor é o próprio guarda;
- em 2% dos casos, o guarda-costas serviu para alguma coisa.

AMORES PERFEITOS

Releia esses números. Conclua comigo: guarda-costas, bem caros, são inúteis. Gente de influência morre de medo e ninguém pode lhes dar a menor garantia, e, então, eles continuam a pagar os guarda-costas... inúteis.

Não poderia o caso de AZT seguir o mesmo paradigma?

Se você, leitor, estiver muito perplexo sobre o que acabou de ler, volte ao tópico "A força mais poderosa que atua sobre as pessoas é a sugestão coletiva" (p. 146) e repense comigo tudo que lá está sobre o assunto.

Nenhuma doença, em tempo algum, recebeu tanta propaganda, em toda a mídia, quanto a aids.

Pessoas desavisadas, se tiverem notícia de que são soropositivas, morrerão por autossugestão! O fantasma do sexo e o da morte aí está para alimentar o medo coletivo, que tem mil raízes reais e poderosas em mil perversidades de nosso convívio social. Mas só se fala de aids, aids, aids. Câncer, coração e pulmão matam dez mil vezes mais do que a aids, mas já nos cansamos de falar sobre eles. A novidade agora é que a aids se tornou símbolo de nossos mil pavores sem nome.

6
A SOLUÇÃO ESTÁ EM "NÓS"

INTERMEZZO **MELANCÓLICO**

Final dramático de uma história de 12 anos de amor e brigas. Ela me olha com muito ódio. Eu fico perplexo. Diz-me coisas ásperas, poucas e boas – com forte convicção.

Diz mais: "Você só vê coisas negativas em mim".

Fico surpreso. Eu a preservava de muitos modos, relevando comportamentos que me irritavam (muitos). Era fácil aceitar suas maneiras porque convivíamos pouco tempo. Na verdade, a fim de podermos continuar a nos amar, foi preciso conviver cada vez menos – ou cairíamos no inferno das repetições intermináveis.

O que me irrita são hábitos diferentes dos meus.

Trata-se – simplificando – de identificações distintas. Quando a vejo fazer diferente do que espero, às vezes acho até simpático, outras vezes fico indiferente e algumas vezes me irrito de um modo que não consigo controlar. Essas ações desatam em mim rancor, desprezo, fúria, sensação de absurdo e mais coisas ruins que não sei explicar.

Via de regra, esses sentimentos são leves, mas em certas ocasiões se tornam intensos e penosos, impossíveis de disfarçar. Aprendi com ela – e foi bom – a não transformar tais estados em palavras, como fazem quase todos, periodicamente. Quando uma briga se torna repetitiva, ela marca o fim de um relacionamento.

A REPETIÇÃO É A DEFESA CONTRA A CRIAÇÃO

São muitos os relacionamentos que vão ficando degradantes, pelo fato de as pessoas caírem muitas e muitas vezes nas mesmas acusações, sinal evidente de que ninguém sabe como fazer diferente. O relacionamento pode até ser tido como "estável"; na verdade, ele se eterniza, mas com explosões periódicas sempre muito parecidas, mesmo que com grande mobilização emocional. Parece uma situação sempre nova e sempre uma nova indignação – mas é a velha!

Voltando a nós. Ela se afastava decididamente cada vez que eu ensaiava protestos e críticas, e durante um bom tempo essa parecia ser uma boa solução. Mas não era.

O QUE EU NÃO DIGO EM PALAVRAS APARECE EM MEU ROSTO OU NO MEU TOM DE VOZ

Não sei se nas relações pessoais se consegue fugir desse dilema mortal, que há muito tempo eu resumia em duas palavras feias: "engole" ou "vomita".

Depois que ela disse que eu disfarçava meus sentimentos, sobrepondo ao presente desagradável lembranças de horas felizes, comecei a perceber em mim todos esses maus sentimentos, ausentes na fala, mas presentes nas expressões do meu rosto ou no tom da minha voz. Da parte dela, ocorreu algo bem parecido e chegamos assim a um impasse. Nós nos conhecíamos muito bem, em nossas menores expressões, o que complicou o caso ainda mais.

Achamos então que era hora de nos afastarmos – não sabemos até quando.

Talvez um dia...

MENSAGEM: NO CASAMENTO, A ROTINA É PIOR DO QUE UMA AMANTE

Enganou-se, leitor, essa frase não é minha. Ela esteve, em 1991, escrita em um gigantesco cartaz, colorido, com a foto de dois famosos atores de telenovela. O *outdoor* foi pregado às centenas, nos muros de São Paulo e de outras cidades brasileiras. Espalhado pelo interior – talvez em frente a uma Igreja...

Note que para um *outdoor* a frase é muito longa – razão importante para que ela não fosse usada! Mas foi mesmo assim.

Não é espantoso? Não falo do fato – que há tempos é o caso de muitos maridos e esposas. Espantosa é a PUBLICAÇÃO do fato, o que em certa medida LEGITIMA a declaração.

É isso mesmo. Como está escrito nos cartazes – agora que todo mundo já sabe de todos –, então pode.

Se me interpelarem ou acusarem, direi: "Você não viu na novela?", "Não leu no cartaz da rua?", "Todo mundo já sabe e você, não..."

Todo mundo já sabe – não é mais segredo.

Isto é, não é mais proibido.

Proibido é aquilo que, se a gente faz, tem de fazer em segredo, escondendo de todos e – ainda que não pareça – escondendo também de nós mesmos.

Proibido é tudo que existe, mas ninguém fala.

Falar compromete. Condena. Quase todos os poderosos são ladrões, mas vá você dizer isso a eles! Quanto mais amor e sexo são praticados por todos os que se animam, e quanto mais os preconceitos são restritivos, maior a tensão entre o trágico e o cômico dessas situações, vistas pelos olhos da "sociedade" (pela conversa da maioria). Amor e sexo são o pináculo da tragicomédia, e é deles que o grande cartaz colorido fala.

NO CASAMENTO, A ROTINA É PIOR DO QUE UMA AMANTE

O cartaz proclama o óbvio ululante. Diz com todas as letras o que todo mundo está querendo (ao menos experimentar...). São todos falando com todos, todos acusando e ao mesmo tempo absolvendo a todos.

São todos contando o seu segredo "mais íntimo" para quem quiser ouvir ou saber.

Se chegou a constar no grande cartaz, é porque a maioria aprova. Se os dissidentes fossem muitos – ou poderosos – o cartaz não teria chegado às paredes. Se amanhã o retirarem, pelo protesto dos conservadores, tanto pior. Desde toda a eternidade, ao protestar contra uma "vergonha pública", os conservadores ampliaram o efeito da "imoralidade" – e aumentaram as vendas do produto. A velha, velhíssima consagração pelo martírio do novidadeiro, que assim se vê transformado em "herói imortal de nossa libertação".

Já foi dito mil vezes: se Cristo não tivesse sido crucificado, nem saberíamos de sua existência.

O que todo mundo quer, afinal?

Sair do casamento? Encontrar outra pessoa? Achar qualquer uma pra já e acabou?

Será que assim satisfaz?

O sexo e os cachorros estão absorvendo, em nosso pobre mundo, o profundo desejo de intimidade afetiva presente em todos – e negado por tantos.

Quem pode duvidar de que é melhor um mundo mais macio, mais quente, mais acolhedor, mais gostoso, mais fácil, mais confiante? Se quiserem, digam o contrário: quando entre mim e você é mais macio, mais quente, mais acolhedor, mais gostoso e mais fácil, então há *amor entre nós* – e só então! Aí as pessoas estarão começando a se tornar humanas. Por enquanto, não são.

O Antônio não é o Antônio; é operário têxtil, maior, brasileiro, casado, número tal no INSS, no CPF, no RG.

Além disso, o Antônio é "fechado", "fica sempre de lado", "aguenta tudo", "coitado", "é tão bom!", "trabalhador", "honesto"...

Um quadro de cortar o coração, mas um quadro, um enquadrado diria melhor, um tipo, uma das formas padronizadas de robôs, humanoides que nossa "civilização" (nossa barbárie) produz em série – aos milhões.

O que é que todo mundo está querendo – mesmo sem saber?

Entrar em contato, abrir-se, poder ser mais direto, menos "perfeito", mais criança, mais irresponsável (em certas horas). E, como a rede cósmica da comunicação mostra a cada dia as fraquezas e a macrossacanagem dos poderosos, as pessoas estão deixando de olhar para cima e começando a olhar em volta – buscando o outro que é ou pode ser sua salvação. Porque só ele é diferente (cada um deles é diferente de todos os outros). Sem a salvação do diferente não consigo deixar de ser massa, número, multidão, anônimo. Porque a fabricação em série continua fora da indústria e chega até a família – oficina artesanal destinada à produção do normopata necessário para alimentar o delírio numérico (milhões!!!) dos que vão se tornando poderosos.

Quanto mais milhões – seja lá do que for –, melhor!

Creio que as pessoas estão se buscando desesperadamente, em correntes e redes subterrâneas na certa mágicas, isto é, vitais. A espécie humana pode extinguir a espécie humana. Esse é o maior paradoxo que a substância viva já criou. Não é só o átomo – sabemos. Além das ameaças instantâneas de destruição, temos todo o cortejo das ameaças com prazos um pouco mais longos, superpopulação, fome, poluição às toneladas.

Mas há atualmente uma diferença grande se compararmos com o que acontecia há meio século.

Hoje, quase todos SABEM dessas ameaças.

Antes da TV não sabíamos. É a revolução que a comunicação está produzindo.

Estas ameaças conhecidas de tantos têm volume e densidade suficientes para nos perturbar – a todos – de formas bem profundas, mesmo que inconscientemente.

A toda hora se ouve: "Se as coisas continuarem assim, vai mal", "Vai de mal a pior", "Não sei aonde vamos parar..." Se sei um pouco sobre as reações dos seres vivos – e eu sei –, se sei um pouco de vida social e bastante sobre a personalidade humana, então digo: "Está se formando no mundo uma tremenda pressão amorosa crescente, uma busca desesperada do outro, a fim de que juntos consigamos neutralizar o poder destrutivo gerado pelas ameaças e pela opressão crescente, uma busca desesperada do outro, a fim de que consigamos juntos neutralizar o poder destrutivo gerado pela carência e pela exploração".

É preciso vencer a herança de Caim, do homem eterno inimigo do homem (nem um ano de paz em dez mil anos da chamada civilização).

Cada um de nós pode fazer muito pouco – sabemos. Por isso tantos desanimam ou perdem a fé em um mundo melhor. Vamos então abrir caminho para que as pessoas se encontrem e se juntem, primeiro passo para a cooperação amorosa – e salvadora.

Quanto mais felicidade, alegria e prazer duas pessoas trocarem entre si, mais fundos e poderosos serão os laços entre elas. Quanto maior o número de pessoas envolvidas, mais próximos estaremos da cooperação amorosa.

Note: é um dado, não uma escolha.

O único sistema capaz de manter uma agregação duradoura é aquele que reage às interações sentidas como prazenteiras – geradoras de endorfinas... É o oposto da agregação obtida pela repressão à custa de ameaças, torturas e castigos.

Quero dizer que esse "progresso", ou tendência, é um modo de organização da atividade cerebral, decorrência do reforço produzido pelo sistema de recompensa interna (centros de prazer).

OS CENTROS DE PRAZER DO CÉREBRO NOS "DIZEM": SÓ O AMOR CONSTRÓI!

A evolução dos seres vivos caminha nessa direção desde que começou, há quatro bilhões de anos...

Nada aguça mais o vivo do que o vivo. Primeiro, como possível ameaça; depois, como curiosidade e promessa. Pode acontecer de somente a ameaça de destruição global ser capaz de nos reunir amorosamente para evitar a catástrofe. Pode ser. Eu gostaria muito que fosse. A vida só se transforma quando surgem pressões inevitáveis; então o vivo morre ou reage, supera ou transcende a si mesmo – ele se faz outro.

Há bactérias na água dos reatores atômicos!

Muda, pensamos todos, mas devagar demais. Não vamos chegar a tempo. Errado. Pode mudar depressa. Ratos e crianças aprendem muito mais rapidamente do que os adultos porque estes se amarram uns aos outros – ninguém deixa ninguém mudar (principalmente a família!). Ratos e crianças (e outros animais) não "pensam" em palavras, mas em imagens e movimentos, em percepção e resposta rápida!

O adulto, em vez de começar a se mexer, fica nos porquês, nas críticas, nos "quem é o culpado" e "quem deve", e fica falando, falando, falando...

O civilizado transferiu a marcha para a garganta, e nove décimos da humanidade vive falando sobre quem devia fazer. Discurso quer dizer correr de um lado para outro.

O que todos nós estamos querendo?

NO CASAMENTO, UMA AMANTE É MELHOR DO QUE A ROTINA

O que é o tédio? É a morte!

Quem duvida dessa declaração? Quantos estão de acordo com essa convicção? Muitos, mas quase todos negam o fato e ficamos sujeitos ao julgamento de Cristo: é mais cego aquele que não quer ver (Cristo antecipava-se 20 séculos a Freud, que sem saber disse a mesma coisa).

Desse modo "secreto" a sociedade permite, admite, ensina e até exige.

FAÇA E ESCONDA, diz a lei não escrita. Mas ela não acrescenta: ao negar o fato a você mesmo, como você o nega para os outros, você apaga ou neutraliza muito do prazer e da felicidade que experimentou.

Se você lembrasse com força quanto de bom havia nesse escondido, sua vida seria outra, bem melhor. Antes de mais nada, sua vida seria mais verdadeira.

Nem se trata de uma mentira só. Há outra: você acreditar que consegue esconder mesmo. Quem estiver de fato interessado em você não será enganado pelo seu fingimento.

Que quantidade espantosa de sofrimento contém esse bendito – ou maldito – triângulo amoroso! Falo de mim, de meus triângulos (ou polígonos) e dos milhares de outros triângulos trazidos a mim pelos meus clientes (o surgimento do triângulo traz mais pacientes para a psicoterapia do que qualquer outro motivo).

Que drama de cada vez!

É sempre o mesmo, passo a passo, uma verdadeira via-crúcis do amor. E cada um fingindo mais uma vez, ao acreditar que só ele fazia assim e só ele sabia disso.

"Nunca pensei que você fosse capaz!" Não conheço imbecilidade dramática maior do que essa – dita sempre com "profunda convicção" (diz a pretensa "vítima" da traição hedionda – e cotidiana).

O mundo parece um hospício – ou um picadeiro. Escolha!

Na chamada vida particular, as pessoas aguentam cargas "emocionais" terríveis, presentes sob a forma bem concreta de tensões musculares crônicas, como mostrou Reich.

Quando falamos do "peso das responsabilidades", convém sentir os próprios ombros (ou observar os ombros de quem diz). Quem está familiarizado com posições, atitudes e esforços musculares perceberá logo que leva – ou que o outro leva – muitos e muitos quilos de peso, todo o esforço que seria preciso fazer para carregar um saco de areia nos ombros.

Tal esforço é real, muscular e inteiramente desnecessário. E a pessoa pode estar "carregando" esse peso invisível o dia todo, muitos e muitos anos a fio. Opressão é isso.

O estresse familiar é o pior de todos, por ser de todos, durar a vida toda e ser tido como natural ou inevitável.

O que se aguenta em casa não são só preocupações, dissabores, irritações. Essas não são as piores, ainda envolvem alguma emoção, alguma vida. O que se aguenta no lar, o que mais pesa é ficar fazendo força real, muscular, a fim de segurar-se, conter-se para "não soltar os cachorros".

Isso é que pesa – e cansa – mortalmente. "Aguentar" marido desinteressado, esposa queixosa e atrapalhada, marido fanfarrão ou mulher autoritária, e mais tipos que, logo se imagina, são deveras cansativos – tanto quanto carregar muitos quilos nas costas o *dia todo*.

Essa carga, atuante de modos e em graus diferentes sobre todos nós, é um ladrão crônico de energia pessoal, que passa a funcionar como força de contenção em vez de ser força de expansão.

Contrair – contra ir – ir contra... mim.

Contração – contra ação – ação contra... mim.

Restrito em meus movimentos e expressões, vou me tornando um boneco de baixa sensibilidade, sempre "cansado" e levado por automatismos e rotinas.

A ROTINA NÃO É SÓ A MORTE DO AMOR

É a morte do espírito (força interior) e da alma (sensibilidade).

A rotina é a inconsciência ou a consciência de "tudo igual" e "sempre igual". É a vida em nível automático – é ser sem perceber. É estar com o cadáver aqui e a "mente" não sei onde. É encontrar-se e reagir às pessoas como se elas fossem outras – ou nascidas para responder a meus desejos e temores.

É um passar sem olhar, ou um olhar sem ver, um passar sem perceber e um viver sem sentir.

Quando é que em vez de nos reunirmos no policiamento recíproco – foi o que fizemos até hoje – começaremos a nos reunir na consciência comum, na "confissão" comum, na declaração de todos de que nossos problemas e conflitos são inacreditavelmente semelhantes, de que a minha família não é uma desgraça particular, mas que a instituição familiar é deveras o esteio desse mundo injusto e opressivo, que ela não inventou, mas sustenta como a mais poderosa das forças sociais conservadoras?

Enquanto não nos unirmos na verdade evidente – "mas o rei está nu!" –, continuaremos a acreditar que ele, o outro, o parente, o vizinho, o deputado são isso e aquilo, em vez de dizer:

Nós somos todos assim.

Enquanto continuarmos a nos comer no cotidiano, os poderosos poderão preparar com calma a destruição de todos.

A rotina é o fim de tudo – quem não sabe?

Só me percebo como ato – acontecendo – quando sou novidade para mim. Se estou me repetindo, não estou mais aí – ou não há aí! Tornei-me robô, cuja definição primária é: AUTOMÁTICO – coisa que nosso cérebro é especialista em fazer de nós – se não permanecermos alertas.

Todas as máquinas que os homens inventaram foram sempre a concretização de um ou mais automatismos desenvolvidos pelo próprio homem, enquanto lidava com objetos e situações. Martelar, arrastar, levantar, serrar, remar...

Depois de se rotinizar, ele pode saber como fazer um equivalente de seu automatismo, uma máquina, que é uma rotina concreta.

O casamento – a sagrada família – tem sido o principal responsável pelo distanciamento entre as pessoas, dentro e fora do lar. Os "meus" são sagrados – "os outros", bem, os outros...

Já não se diz com todas as letras, mas "aos outros" se pode enganar, explorar, perseguir, condenar; aos meus, não!

E os hábitos familiares, vividos dia a dia durante decênios, formam (deformam) a pessoa – que de si mesma acaba tendo muito pouco. Logo se casa e transfere para os filhos os automatismos aprendidos (com o nome de "nossas sagradas tradições"), sobretudo a diferença entre "os meus" e "os outros". E a guerra continua.

Se a família não explodir, a humanidade explode.

NO CASAMENTO, É MELHOR TER UMA AMANTE DO QUE A ROTINA.

Mas não seria muito melhor ter os dois?

COOPERAÇÃO, CENTRO DE PRAZER E SONHOS

Tenha paciência comigo, leitor, vou repetir – em outras palavras – pensamentos já escritos. Leia e você verá que a continuação é bem diferente.

Revejo na TV uma equipe de engenheiros japoneses construindo uma miniatura da pirâmide de Queóps (Kufu), redescobrindo as técnicas que foram necessárias para realizar o feito.

Dezenas de milhares de trabalhadores organizados durante dezenas de anos, para construir o maior monte de pedras bem ajustadas que jamais existiu.

Vêm-me coisas à cabeça.

Sabedoria do faraó, talvez inconsciente: povo unido em uma grande realização é um povo que não pensa em revolução. É o bando primitivo na tarefa integrada e integradora da caça, da combinação, em certa medida a troca de qualidades pessoais diversas, porém complementares em relação à tarefa. Divisão do trabalho, precondição para a organização.

Ideal era o bando caçador, pois nele combinavam-se qualidades distintas – mas reais – de cada homem. Já quando a tarefa se agigantou, começou a *despersonalização dos indivíduos*.

Mas dizíamos que Kufu talvez tivesse agido muito acertadamente, mesmo pensando muito "errado". Pirâmide para a minha glória e a de meus deuses – esse, acredita-se, era o desejo faraônico.

Mas reunir pessoas em uma tarefa comum é a melhor maneira de manter um grupo coeso, motivado e organizado. Bando de 20, de 200, de duas mil ou mais pessoas. Mas com o aumento do número começa a se tornar inevitável a uniformidade das tarefas parciais. Começam a padronização e a massificação.

As tarefas mais simples, é claro, qualquer um consegue desempenhá-las. Mal comparando, é como uma ideia muito geral sobre a qual todos concordam.

Mas, "atrás" da ambição megalomaníaca e pouco original de construir um monumento à própria glória (todos os poderosos fazem assim), estava uma sabedoria maior, essa que estamos procurando caracterizar.

Estamos buscando as maneiras de reunir e harmonizar grupos de pessoas. Na ausência do empenho comum, as pessoas, meio separadas, entram fatalmente em guerrinhas particulares intermináveis, intrigas, fofocas, escaramuças reais ou verbais, tentativas de dominação, exibição de poderio (como nos bandos de animais), em suma, um feudalismo individual.

Ou todos contra todos – já foi dito tantas vezes.

É preciso reunir a agressividade de muitos em uma tarefa comum para que ela seja produtiva. Uma grande empresa é como um império, a reunir, organizar e pacificar um número considerável de unidades menores, até chegar aos indivíduos – passando antes pela família, primeira pirâmide de poder: pais e filhos, "superiores" e "inferiores" – esquema básico de qualquer organização autoritária.

Os grandes fatores de união das pessoas têm sido três: a cooperação em obras de interesse comum; o comércio – a troca de objetos desejados; e a guerra, ela também um gigantesco processo cooperativo e de trocas culturais.

FALTA A COOPERAÇÃO POR PRAZER, POR GOSTO – POR AMOR

Só os chimpanzés conseguiram isso. Nós, não! Lembram-se dos chimpanzés? Eles aprenderam a usar ao máximo seus centros de prazer. A fêmea despudorada a buscar qualquer macho, e muitos machos aceitando a oferta – o festival orgástico do bando a ocorrer a cada cio de uma fêmea. Nos intervalos, todas as "perversões sexuais" imagináveis... Essa é a origem do nosso carnaval – quando as diferenças sociais quase se desfazem.

O erótico e o sexual usados para fortalecer os laços do grupo, nos festivais frequentes, com baixo nível de agressão entre si (se comparados com outras espécies).

Nem se pense mal da fêmea. Após a festa ela se mostra mãe interessada e capaz, ciosa de seu rebento.

Lógico: a mãe é a continuação direta da fêmea, e, quanto melhor a fêmea (quanto mais "sem-vergonha"), melhor a mãe!

Só em nossas cabecinhas bem-arrumadas de idiotas socializados é que mãe é divino e transar é pecado. Para eles, contato, erotismo e sexo reúnem o grupo.

Para nós, contato, erotismo e sexo separam as pessoas. Por que não aprendemos com eles? Isso é que seria humildade e sabedoria!

Nossa diferença moral com os chimpanzés vai bem mais a favor deles do que de nós. Até acho que a diferença intelectual segue o mesmo destino. Só que eles não falam.

Troca de carícias, a melhor solução de todas. Com essa troca alcançamos o sistema de reforço interno, excitação dos centros de prazer.

É uma ligação autossustentada e com tendências a se ampliar pelo seu cunho inerentemente prazenteiro.

CENTROS CEREBRAIS DE PRAZER

Vamos nos deter sobre os centros de prazer mesmo à custa de perder um pouco o fio do discurso.

Os centros de prazer – no cérebro – foram descobertos há mais de quatro décadas, em ratos; de lá para cá, as buscas se intensificaram e a existência dos centros de prazer foi demonstrada em muitas espécies animais, inclusive no homem. Intervenções no cérebro – que são feitas apenas com anestesia local – permitiram estudar o efeito da estimulação desse centro no homem consciente. As descrições feitas são assaz imprecisas, parecendo que esse centro tem poder para fazer a pessoa experimentar um misto de gosto doce com sensação semelhante ao orgasmo.

Mas o caso dos ratos demonstra o poder desse centro de forma bem mais convincente. Foram implantados eletrodos finíssimos no cérebro de ratos; as extremidades dos eletrodos situavam-se na região onde se localiza esse centro de prazer. Depois de refeitos, os ratos eram levados a uma gaiola onde os fios eram emendados em um circuito tal que, quando o rato apertava uma tecla, fechava o circuito e ele recebia um microchoque no centro de prazer. Toda a reação do animal nos leva a crer que esse estímulo despertava muito prazer nele. Depois que o animal descobria o pedal mágico, podia-se deixá-lo passar fome; mesmo assim, ao ser posto em uma gaiola com comida aqui, e o pedalzinho lá, o rato ia direto ao pedal e lá ficava; certa ocasião, um ratinho pisou no pedal duas mil vezes em uma hora! Mesmo uma ratinha no cio não tinha atrativo suficiente para sobrepujar o prazer despertado pelo pedal! Arthur C. Clarke, famoso astrofísico e escritor (*2001: Uma odisseia no espaço*), ao prefaciar o livro no qual o fisiologista publicava as primeiras experiências relativas aos centros de prazer, considerou-as mais "explosivas" do que a bomba!

A pergunta eterna é: por que os centros de prazer, qual sua função para o indivíduo e para a espécie? Além de responder pelo prazer imediato do sabor e/ou do erótico, exercerá ele alguma outra influência?

Fatos complementares: o neonato humano tem tantos receptores táteis na pele quanto o adulto – e funcionam, como se pode ver nos reflexos de recuar, encolher, retirar partes do corpo ameaçadas por pontas, fogo ou o que seja. Ao me deter sobre esse fato, fiquei perplexo. Se eles têm tantos receptores quanto nós, sendo a extensão de sua superfície cutânea um oitavo da extensão da pele de um adulto, conclui-se que o bebê tem uma sensibilidade tátil oito vezes mais precisa e delicada do que a do adulto.

Mas a observação e a lida com bebês nos deixam em dúvida. Recém-nascidos não parecem tão sensíveis

Depois, a questão dos "centros sensoriais". Referindo-nos sempre ao tato: se envolvêssemos um recém-nascido em algodão e o mantivéssemos assim durante vários meses, será que sua área sensorial, no cérebro (circunvolução parietal ascendente), estaria funcionando, ou, ao retirar o algodão, o bebê estaria anestesiado, incapaz de reconhecer qualquer sensação cutânea? Não parece difícil adivinhar: a incapacidade de identificar estímulos seria inevitável pela falta total de experiência.

Os centros sensoriais corticais só se desenvolvem se forem estimulados; se o bebê parece bem mais anestesiado do que sensível, é porque não foi estimulado o bastante. Ninguém acaricia o bebê inteiro, o corpo todo, com preferência – mas não exclusivamente! – nas áreas mais sensíveis, em torno da boca, olhos, mãos, pés, região cervical, mamas, mamilos e genitais. Em gatinhos, se seus olhos forem vendados por vários dias logo após o nascimento, eles ficarão cegos para sempre! Podem até ver, mas não saberão interpretar o que veem – só verão linhas, borrões, cores misturadas.

O exercício e a prática da percepção sensorial são essenciais para o desenvolvimento da sensibilidade, para o desenvolvimento dos centros sensoriais cerebrais.

Voltemos agora ao centro de prazer. E vamos recordar mais alguém – Skinner, tão malfalado! Ele demonstrou que conseguir êxito e ter prazer, ou sentir felicidade, são as melhores maneiras de transformar e/ou estabilizar comportamentos.

Só se mantém controle por meio de ameaças e/ou punições repetindo frequentemente a ameaça ou a punição.

Traduzido em biologia: *o centro de prazer* é o seletor último de comportamentos eficientes em todos os animais superiores. E, se seleciona comportamentos, o centro de prazer determina o futuro!

Mas é preciso sentir muitas vezes e muitos prazeres, os mais variados, estimular repetidamente esse centro (as duas mil vezes do ratinho!), para que suas mensagens sensuais e/ou prazenteiras se intensifiquem, ganhando influência crescente sobre o comportamento – sobre o destino das pessoas.

Agora vemos o porquê da repressão do prazer em quase todos os níveis e qualidades – sobretudo os prazeres eróticos e a felicidade amorosa.

Não podemos "nos acostumar" com muitas coisas gostosas, como dizem tantas mães e pais! Senão, depois será difícil aceitar o tédio, o vazio, as agruras e frustrações da vida banal, dita "normal". Quanto mais prazer, mais prazer! Há muita gente boa descobrindo – e praticando! – essa afirmação.

Sempre se temeu esse "perigo": se a vida for muito prazenteira, não vou querer mais nada, como o ratinho! – outra vez. É como diz Rita Lee: "Nada melhor do que não fazer nada, só pra deitar e rolar..."

É possível que o centro de prazer explique uma perversão alimentar presente em todos os animais superiores: sua avidez insaciável pelo açúcar puro! O açúcar puro – sacarose – espolia o organismo de várias vitaminas do complexo B, usadas como coenzimas em vários "degraus" da decomposição/aproveitamento do açúcar para produzir trifosfato de adenosina. Nesse sentido bem conhecido e indiscutível, açúcar é "veneno".

Mas os animais são fanáticos por ele! Como vimos, o prazer sentido por seres humanos, quando se excita seu centro de prazer, envolve o doce, o "mel", a doçura tão cantada por poetas, românticos e textos eróticos.

Essa confusão ou mistura de prazeres cria problemas curiosos – como essa "perversão alimentar".

Lembrar que na natureza não existe açúcar puro.

AGORA ESTÃO SURGINDO LIVROS MÉDICOS MOSTRANDO QUE PRAZER E FELICIDADE SÃO A MAIOR GARANTIA DE SAÚDE

Agora estão surgindo livros médicos mostrando que prazer e felicidade são a maior garantia de saúde. E retornamos a uma velhíssima questão moral: o que seriam "prazeres desregrados", expressão tão comum em livros de bons conselhos e elevação espiritual?

Deve ser o gosto pelo açúcar! Mas o fato é que, havendo possibilidade, muitas pessoas passarão a viver só de prazer. A primeira condição é – claro – não precisar fazer nada para sobreviver!

A separação entre o prazer, ou a felicidade real, e a forçada, banal ou fingida, foi lembrada muitas vezes ao longo deste livro. Para nós, os prazeres desregrados são os vividos a fim de que a pessoa não *perceba* vazios e carências vitais, como intimidade, envolvimento, entrega, contato, maciez, calor, vida...

Os jovens de hoje, tão preconceituosos quanto seus pais, estão perdendo a oportunidade das oportunidades; ainda que mais próximos do que seus pais, praticam a sexualidade de forma ainda tosca, meio separatista, proprietária, ciumenta e com consciência reduzida durante a ação. E, depois, as fofocas, os comentários maliciosos, grotescos ou pornográficos. Tudo sempre disfarçado ou negado – em público!

Estamos a um passo do ponto, mas com grave risco de passar por ele sem nos determos – sem aproveitá-lo –, sem integrá-lo à ideologia aceita pela sociedade. A maior força de união entre seres humanos é

AMORES PERFEITOS

desagregada pelo ciúme, pela possessividade, orgulho, preconceito e estupidez coletiva.

UM FIM DE SEMANA

A mocinha de 15 anos passa quatro dias na praia com a turma – quatro casais. Um dia ela ficou com seu companheiro oficial, seu namorado. No dia seguinte, ficou com outro. Foi a fofoca do passeio e o caso chegou até o bairro...

Depois ela diz que está contente com seu namorado, em linhas gerais... Mas que às vezes sente saudade do outro...

Em outras conversas, a mocinha já havia reconhecido que às vezes sentia muita atração por mais de um rapaz bonito.

Digo a ela: por que não namora os dois?

Gosta da ideia, mas sabe que é difícil.

Proponho a ela uma situação imaginária, a fim de lhe mostrar o que acontece se se impede o gosto que se pode ter com mais de uma pessoa; aliás, com outra pessoa, gostos, alegrias e prazeres seriam inteiramente outros.

Imaginemos a situação dos quatro casais em um mundo com menos preconceitos sexuais.

Se ficassem juntos durante alguns dias, é quase certo que vários sentiriam simpatia, atração ou até enamoramento por alguma das outras companheiras. Essa flutuação de inclinações amorosas me parece bastante natural. Mais natural ainda em adolescentes (os sentimentos dos adultos também sofrem variações, porém mais lentas). Na ausência do ciúme, do amor-próprio alimentado pela fidelidade do outro, da possessividade, da exibição da conquista, da vitória sobre uma rival, do orgulho e mais colaterais oblíquas que não sei enumerar, por tudo isso e mais, uma alegria que poderia ter se multiplicado se torna uma guerra secreta. Seria fácil dizer que o amor se transforma em ódio. É clássico. Se se permitissem sentir e fazer de acordo com o momento, teriam muito amor a aprender, muita liberdade, e os laços do grupo seriam fortalecidos, tanto pela alegria e pelo prazer sem restrições quanto pela liberdade de amar a quem se está amando no momento.

Mas em vez da felicidade, de que somos incapazes, logo lutamos para defender "o que é nosso". Vou me "garantir" com atitudes policialescas e cobranças de senhor, de marido – aquele que percebe sua mulher somente quando desconfia dela. Vou garantir o meu/minha, assim tenho certeza de não ficar sozinho. Tudo verdade, se eu amasse uma pessoa 24 horas por dia, todos os dias, a ponto de não pensar em fazer mais nada.

Mas, mesmo amando bastante, posso sentir simpatia, amor ou desejo por outras pessoas. Defendo essa posição como tese, e não apenas como posição pessoal. Creio que todos sentem assim ou já experimentaram isso muitas vezes.

Na hora em que se busca a segurança, inicia-se a guerra; e, na hora do amor, o transformamos em poder.

Traímos a cada passo a luz divina, sempre pronta a se acender, se devidamente recebida, com a veneração e o espanto que todo milagre desperta. Em vez disso banalizamos o poder do amor, fazendo dele uma aventura barata e sem consequência.

Gastamos a força do amor sem valorizá-la, antes, degradando-a em aventuras banais ou esterilizando-a na família monogâmica e compulsiva, como dizia Reich.

Em vez de usar esse valor mágico para nos reunirmos amorosamente, tanto mais abundante quanto mais vivido e mais repartido, nós o fechamos em quartos de motel ou no leito conjugal, fatores poderosos que, aliados à nossa inconsciência, se opõem à união mais verdadeira – e de mais pessoas. Preferimos a agressão, a violência, a dominação.

Difícil negar, depois disso, a exótica proposta de Freud – um instinto de morte. O nome é infeliz, mas a realidade terrível e poderosa está aí, e aí esteve desde o começo da civilização.

Podemos continuar a falar em civilização? Ou falamos em barbárie organizada pela força?

AMOR, SEXO E SONHO

Há anos, usando ultrassonografia de alta resolução, foi demonstrado que o feto humano de sete meses tem uma ereção a cada hora e meia, mais ou menos.

Há bem mais tempo se sabia que o feto sonha a cada hora e meia; isto é, a cada hora e meia o cérebro do feto apresenta um padrão eletroencefalográfico igual àquele que, num adulto, indicaria estado de sonho; padrão elétrico acompanhado dos típicos movimentos oculares rápidos, sinal seguro de que a pessoa está de fato sonhando.

Ninguém sabe como é o sonho do feto, é claro. Podemos apenas presumir; dado que no adulto os sonhos são predominantemente visuais, algo semelhante pode estar acontecendo com o feto. Logo após o nascimento torna-se mais fácil constatar essas coisas.

O recém-nascido humano sonha durante a metade do tempo em que está adormecido, enquanto o adulto sonha apenas durante 20%-25% desse tempo. Como o neonato dorme o dobro do tempo do adulto, conclui-se que o bebê sonha quatro vezes mais tempo do que nós. E sempre que o bebê sonha *ele* tem uma ereção e *ela* molha a fralda.

Esse ritmo de um tempo de sonho a cada hora e meia perdura a vida toda, em todos nós, e, sempre que sonham, os homens têm ereção e as mulheres se molham!

É provável, mas não é certo, que esse ritmo de hora e meia marque, na vida acordada, períodos de devaneios e fantasias sexuais, presentes em quase todos.

Ninguém sabe o significado fisiológico dos sonhos, mas os períodos de sono com sonhos podem ser considerados uma das constantes biológicas, como a taxa de glicose do sangue ou o número de glóbulos vermelhos por unidade de volume. Logo, devem ser essenciais para a saúde!

É importante assinalar e insistir que durante os sonhos o cérebro dá sinais elétricos quase iguais aos de uma pessoa desperta. Por isso é chamado de "sono paradoxal", algo como "sono desperto".

Em nosso contexto – o dos amores perfeitos – desejamos salientar apenas um ponto: nada se parece mais com o estado amoroso do que o sonho, e essa comparação é universal na poesia e no romance.

"Parecia que eu estava sonhando", "Eu me sentia no ar, longe da realidade...", Você é meu sonho"...

Mas podemos avançar um passo. Freud adiantou a hipótese de que o sonho é o guardião do sono. Sonhamos a fim de não acordar. Experiências e registros poligráficos, nos laboratórios onde se estuda o sono, mostram com certa clareza que a verdade talvez seja contrária à de Freud: dormimos a fim de poder sonhar!

O argumento é este: acordar pessoas várias vezes durante a noite, de tal forma que elas fiquem impedidas de sonhar, produz sintomas sérios na vida acordada: irritação, distração, ideias delirantes – como se os sonhos, não podendo ocorrer à noite, ensaiassem acontecer durante o dia.

Já quando se acorda a pessoa o mesmo número de vezes da experiência anterior, mas fora das horas de sonho, a pessoa mal se ressente, não mostra os sintomas que aparecem quando é impedida de sonhar!

Veja-se a gradual e impressionante soma de fatos que viemos alinhando em todo o livro, no sentido de demonstrar que amar é necessário, é vital.

Enfim, a atitude das pessoas "normais" diante do amor e dos sonhos é a mesma.

Sonhos? Que bobagem... Namoro? Coisa de adolescente – depois passa!

É tão proibido sonhar quanto amar.

Não tenho conhecimento de estudos que estabeleçam algum paralelo entre períodos de sonhos eróticos e a excitação periódica dos centros de prazer, mas, considerando tudo quanto aprendi até hoje, essa associação me parece mais do que provável.

Enfim, o devaneio. É fácil verificar que é constante nos estados de devaneio a fixação do olhar diretamente em frente, e sua desfocalização. Dizemos – ao observar esses sinais – que a pessoa "está longe" ou mesmo que "está sonhando acordada".

AMORES PERFEITOS

Lyall Watson, um biólogo de gênio e visão, sugere o seguinte: a fim de garantir a sobrevivência, os animais tendem a reduzir os riscos ao mínimo, e muitos mostram uma alternância de comportamento entre o tempo de alimentação (depois de reprodução e cuidado com a prole), relativamente curto, e o restante do tempo, em que permanecem bastante parados, em tocas ou refúgios, horas e horas a fio. Ora, a vida não foi feita para ficar parada, é evidente! Diz Lyall que o estado de sonho e o de devaneio ocorrem para manter as funções vitais; são uma injeção periódica de vitalidade em um organismo que, por estar imóvel, tende a um nível metabólico cada vez mais baixo, quase uma hibernação.

Há mais fatos bem conhecidos na mesma direção. Quando dormimos sem sonhar, o corpo se mostra relaxado, e é nesse estado que nosso metabolismo é deveras basal, isto é, de menor consumo possível de oxigênio. Mas, quando começamos a sonhar, o cérebro se comporta – vamos repetir – como se estivéssemos despertos. Ao mesmo tempo, o corpo passa de bem relaxado a meio tenso, "em atitude de espectador", diante dos próprios sonhos, esboçando com força reduzida todos os movimentos que o sonhador vai fazendo no sonho.

Tanto o tônus muscular aumentado quanto os esboços de movimentos geram calor! Se permanecermos relaxados durante muito tempo, o corpo começa a esfriar. Mais da metade do nosso peso é dada por músculos, e eles são os principais geradores do "calor animal". É por isso que o relaxamento prolongado (mais de uma hora) pode levar a uma queda de temperatura do corpo. Ora, nós dormimos facilmente muito mais do que uma hora! Tanto é verdade que em relaxamento o corpo vai esfriando que nossa temperatura mínima – 36,5°C, em média – é registrada de madrugada, isto é, depois de várias horas de sono.

Acreditamos que os sonhos são um retrato visual das posições e dos movimentos do corpo, realizados a fim de impedir o resfriamento. Por isso sonhamos a cada hora e meia e, a cada período, o tempo de sonho é maior – de 10 a 15 minutos no primeiro *break*, até mais de 40 minutos no último, pouco antes de acordar...

Quero deixar bem claro: essa hipótese a respeito dos sonhos, ligando-os à termorregulação, é inteiramente minha, mas os dados que ela organiza e torna compreensíveis estão todos em textos idôneos de fisiologia.

Por isso, entre outras coisas, sonhar é necessário.

As coisas combinam bem: o amor é um estado de exaltação vital – como os estados de sonho e de devaneio – e nos aquece.

Talvez estejamos até levantando a ponta do véu a cobrir tanto a existência dos centros de prazer quanto o segredo dos sonhos e dos estados de devaneio. Que melhor maneira de se manter vivo, aquecido e animado do que esta: sentir uma onda erótica periódica de prazer e de sonho? Lembre-se da ereção durante o sonho!

Enfim, contrastemos esses estados de vida exaltada – e de consciência expandida! – com seus contrários, os estados de tédio, de indiferença, de vazio e, no limite, de depressão (vida em câmera lenta).

É fácil ver – e já foi e continua a ser apontado por muitos – que a vida dita normal, visando desordenada e fanaticamente à segurança a qualquer preço, leva o normopata a um estado de monotonia profundamente contrário à vida.

Essa é com certeza a "causa" da maior parte das doenças da terceira idade, para as quais a medicina oficial nada tem a oferecer.

Nós não morremos de doenças, morremos por não ter mais interesse nenhum em viver. As doenças são consequências, e não causas.

Instinto de morte – outra vez. Talvez Freud tivesse razão ao propor esta coisa estranha: a vida buscando e aparentemente querendo a morte. Ou apenas assustada e desistindo de viver, já que as coisas melhores e mais necessárias são impossíveis, "não pode", "não se deve", "é errado".

Vivemos cercados do que mais necessitamos: contato espiritual e físico com muitos de nossos semelhantes. E esse contato é difícil demais, condenado, proibido – pecado!

Maldição!

DESPEDIDA

Tanto em física quanto em psicologia, o que é verdade para muitos (estatística) não é verdade para ninguém. Não existe uniforme capaz de vestir qualquer homem – ou todos os homens.

Cansa repetir tanto que nada se repete...
Toda segurança está na semelhança.
Todo risco está no diferente.

Repetindo: a mais fundamental lição que o amor pode nos dar – e por ela talvez possa ser definido – é a de que o outro é o outro, existe, é diferente de mim, é vivo, muda a cada instante e não se assemelha a nada que eu já tenha visto ou vivido antes.

O estado de graça amoroso é uma experiência natural de iluminação. Acima de tudo sinto, então, que tudo está acontecendo, que tudo está vivo – e que tudo está ligado a tudo.

Nos melhores momentos amorosos, é viva a sensação de que o mais importante em mim não é o eu – ou a consciência habitual –, mas algo muito maior que me invade, me toma, me anula e depois me devolve a mim mesmo.

Um "transporte" amoroso – diziam os antigos literatos.

Transporte para outro mundo, o mundo sem mim, sem condicionamentos, sem hábitos, sem nada estabelecido ou contratado, sem preconceitos...

Será que existe?

Existe.

É só conseguir paz e silêncio interior, e o mundo do acontecer vai se revelando.

Mas é preciso amar muito, amar de muitos modos, é preciso aprender a amar muito bem, a muitas pessoas, e só assim conseguiremos criar amor de muitos modos ou permitir que se forme uma grande humanidade coesa, participante, cooperativa, amorosa e feliz.

Amém!

FELICIDADE FAMILIAR

Pergunta – "Mas, dr. Gaiarsa, alguns dos momentos mais felizes de minha vida eu os experimentei em família... Momentos de união de todos, do sucesso de alguns, de encontros de amor, de carinho, de compreensão, de ajuda em horas difíceis, de solidariedade, de paz, de comidas gostosas... Não é verdade?"

Gaiarsa – É. É muito verdade – demais.

O que significa "demais" nessa frase? Não significa apenas muito; significa também *felicidade artificialmente ampliada pelos preconceitos.*

Vejamos: é a única felicidade amorosa permitida da qual se pode falar, a única em que todos dizem acreditar, a única que "está certa" e é "maravilhosa"!

E ouvimos essas afirmações dezenas de vezes por dia, em todos os lugares, a qualquer pretexto. Este, o reforço condicionador que intensifica esse tipo de bons momentos; esta, a aprovação de todos, como se todos dissessem: "Está certo", "É mesmo", "É assim que se faz"...

Não nego a felicidade familiar, mas digo que ela é intensificada por um sistema de reforço social deveras muito maior do que a propaganda de refrigerante ou de pasta de dente.

O reverso é igualmente verdadeiro. No caso de relações extraconjugais, opera um reforço negativo de todo comparável. A "culpa", a ansiedade e o medo que as pessoas sentem nessas circunstâncias significam: todos estão – ou estarão – contra mim, prontos a me apedrejar (de inveja...)

De mais um modo esse reforço funciona – em relação, agora, à infelicidade conjugal. O casamento é provavelmente a causa mais frequente de infelicidade entre as pessoas, mas em público todos se referem a ela como algo incomum ou muito transitório, "Logo vai passar", "Aguente", "Tenha paciência", "Família exige renúncias de parte a parte, mas daqui a pouco você estará feliz de novo"...

Um número incontável de casamentos se mantêm anos e anos a fio em níveis de sofrimento insuportáveis porque, vez por outra, surge um raio de luz, e então todas as esperanças se reacendem, sustentando muitos meses a mais de uma infelicidade um pouco diferente.

O Príncipe Encantado e a Bela Adormecida – "e foram felizes para sempre" (porque casaram!).

Depois a ciência – na mesma linha, sem perceber que é o contrário...

Quero dizer o seguinte: hoje a onda é a neurolinguística, a forma mais recente e elaborada de SUGESTÃO. Da sugestão, sim, da velha sugestão médica do dr. Émile Coué, que Pollyanna usou tão bem para viver feliz

Minimizar o efeito da sugestão, dizer que ela é uma bobagem sem experimentar sua atuação, é outro dos meios de manter a família como a única forma de união amorosa feliz. Nenhuma outra instituição social recebe tanta influência sugestiva – coletiva – quanto a família.

Tudo que se chama ideologia se mantém à custa dessa sugestão de todos sobre todos. A ideologia, desmembrada em seus elementos, é feita de preconceitos – frases e poses feitas bilhões de vezes.

Bilhões – até parece astronomia!

É quase impossível resistir a um assédio que vem de todos os lados, de todas as pessoas, a todo instante. É um clima, uma atmosfera – algo que respiramos desde o momento em que começamos a... respirar.

Não sei se Marx conceituou o que ele chamava de superestrutura social nesses termos. Do ponto de vista lógico, ou até de realidade, a superestrutura ideológica está perigosamente próxima de uma imbecilidade coletiva, insensível a qualquer espécie de incoerência ou contradição. As mães – sempre o maior "nó" de preconceitos – vivem morrendo de ansiedade e incertezas, mas "mãe sempre sabe o que faz". Nenhum adulto teve a felicidade de ser bem-educado – sequer sabemos o que significa essa frase. Mas "pai está sempre certo", sempre sabe como são as coisas e é ótimo para "ensinar" seus filhos a repetir – como gagueira coletiva – as mesmas frases sem sentido, cujo somatório é "o certo", "o que se deve fazer", o que sempre nos permite saber com certeza quem é o culpado e quem devia...

Já foi mais do que dito: quanto maior o número de pessoas reunidas para discutir um assunto, mais rasas, inócuas e inexpressivas as "soluções".

Que dizer então das "decisões" e "conclusões" de todas as pessoas que constituem uma sociedade?

Mais algumas anedotas hilariantes: mãe é divina, mas sexo é animalesco; mãe é divina e sogra é diabólica; o nascimento do primeiro filho transmuta um simples ser humano em uma deusa impoluta e admirável; metade dos pais brasileiros é de alcoólatras crônicos, mas "pai" continua "sendo pai".

Depois a tragédia: costume sagrado, tradicional e sábio em inúmeras tribos africanas é a infibulação (retirada precoce das áreas erógenas dos genitais femininos); o apedrejamento da infiel (ainda existe – se existe!); a "Vontade de Deus" de que existam para sempre pobres e ricos; a "Guerra Santa" – vejam só, Deus mandando matar todos os infiéis e dando o paraíso para quem matar mais e melhor; Jeová, então, valha-me Deus!

"As sociedades" inventaram e continuam inventando coisas do arco da velha – quase sempre bem cruéis e implacáveis.

O instrumento que mantém viva a ideologia (e mata as pessoas) é a sugestão coletiva, a repetição infindável de frases feitas – o "pensamento" de todos...

E ai de quem "pensar" de outro modo.

REFERÊNCIAS BIBLIOGRÁFICAS

CONSTANTINE, Larry; MARTINSON, Floyd. *Sexualidade infantil – Novos conceitos, novas pesquisas*. São Paulo: Roca, 1984.

FISHER, Helen. *Anatomy of love*. Nova York: Ballantine Books, 1994.

LEBOYER, Frédérick. *Nascer sorrindo*. São Paulo: Brasiliense, 1996.

LESHAN, Lawrence. *O câncer como ponto de mutação – Um manual para pessoas com câncer, seus familiares e profissionais de saúde*. São Paulo: Summus, 1992.

MARGULIS, Lynn; Sagan, Dorion. *Microcosmos. Quatro bilhões de anos de evolução microbiana*. São Paulo: Pensamento-Cultrix, 2002.

MARSHALL, McLuhan. *O meio é a mensagem*. Rio de Janeiro: Record, 1969.

MONTAGU, Ashley. *Tocar, o significado humano da pele*. São Paulo: Summus, 1988.

SCHEIMANN, Eugene. *Sexo pode salvar seu coração e sua vida*. São Paulo: Edibolso, 1978.

SHERFEY, Mary Jane. *Nature and evolution of female sexuality*. Nova York: Vintage Books, 1973.

SHYNIASHIKI, Roberto. *A carícia essencial: uma psicologia do afeto*. São Paulo: Gente, 1985.

SIEGEL, Bernie S. *Amor, medicina e milagres*. São Paulo: Best Seller, 1989.

WATTS, Allan W. *A sabedoria da insegurança*. Rio de Janeiro: Record, 1951.

www.gruposummus.com.br

IMPRESSO NA
sumago gráfica editorial ltda
rua itauna, 789   vila maria
02111-031 são paulo   sp
tel e fax 11 **2955 5636**
sumago@sumago.com.br